동아시아 해역도시와 도시재생

동아시아 해역도시와 도시재생

초판 1쇄 발행 2024년 10월 25일

지은이 공미희 김성민 서광덕 이민경 이보고 이상원 홍창유
펴낸이 권경옥
펴낸곳 해피북미디어
등록 2009년 9월 25일 제2017-000001호
주소 부산광역시 동래구 우장춘로68번길 22
전화 051-555-9684 | 팩스 051-507-7543
전자우편 bookskko@gmail.com

ISBN 978-89-98079-95-6 03330

＊이 책은 2017년 대한민국 교육부와 한국연구재단의 지원을 받아 수행된 연구임.
(NRF-2017S1A6A3A01079869)

부경대학교 해역인문학 기획도서 2

동아시아 해역도시와
도시재생

국립부경대학교 인문한국플러스사업단 엮음

해피북미디어

책을 펴내며

　국립부경대학교 인문한국플러스(HK+)사업단은 기존의 육지 중심의 지식·사람·문화에 대한 이해를 해역(海域) 중심으로 사고 전환을 시도한 연구들을 지속적으로 진행하고 있다. 동북아해역 인문네트워크라는 대주제 아래 해역 간의 연결 고리와 더불어 길항 관계를 꾸준히 연구해왔고, 더 나아가 해당 지역 간의 인문지리적 확장을 꾀하려 노력해 왔다.

　『동아시아 해역도시와 도시재생』은 대학과 지방 언론이 공동으로 추진한 동아시아 해역 도시재생의 사례를 통해 북항 재개발에 적용 가능한 방안을 제시하는 '북항을 글로벌 핫플로'의 기획 연재에 기저를 두고 있다. 본 책은 그 일환으로 동아시아 해역에 위치한 도시를 중심으로 도시재생을 성공적으로 이룬 사례를 소개하고 또 이를 통해 부산만의 특유한 랜드마크를 구축할 수 있는 모델을 모색하고자 기획하였다. 특히 항만을 중심으로 한 도시재생은 낙후된 항만 지역을 새로운 도시 기능으로 전환하여 도시 전체의 경쟁력을 강화하는 데 중요한 역할을 한다. 이에 본 책은 현재진행형인 부산을 비롯하여 인천, 요코하마, 고베, 사세보, 샤먼, 홍콩, 가오슝, 타이난, 싱가포르 등 각 해역 도시의 도시재생이 어떻게 진행되었고 또 어떠한 변화를 가져왔으며, 이에 대한 시사점이 무엇인지에 대한 고민의 결과물이다. 본 책은 총 10편의 글로 구성되었다.

「해역도시 부산의 도시개발과 재생 사이」에서는 부산이라는 해양도시가 겪어온 역사적 변화와 도시 개발, 재생 과정을 종합적으로 분석하고 있다. 부산이 글로벌 허브 도시로 도약하기 위해 가덕도 신공항 건설 등 다양한 인프라 구축을 추진하고 있지만, 신공항 건설은 환경 문제, 주민 이주 문제 등 다양한 논란을 야기하고 있다고 설명한다. 도시 재생 사업의 일환으로 산복도로 르네상스, 북항 재개발 등 다양한 사업을 진행하고 있지만, 역사문화유산 보존과 주민 참여 문제 등 해결해야 할 과제도 남아 있음을 강조한다. 「'쇠퇴'의 도시에서 '회복'의 도시로: 인천 도시 공간 재생의 지향성에 대하여」는 인천이 역사적으로 겪어온 도시 성장과 쇠퇴 과정을 분석하고, 현재 인천이 직면한 도시 문제 해결을 위한 도시 재생의 필요성을 강조한다. 인천은 삶터, 일터, 쉼터, 공동체 재생이라는 네 가지 핵심 축을 중심으로 도시 재생을 추진하고 있으며, 이를 통해 도시의 정체성을 회복하고 새로운 비전 제시를 하고 있다고 밝힌다.

「지진 재난 극복과 도시재생의 공존: 고베항 친수공간 재개발 사례」는 고베항 친수공간 재개발 사례를 심층 분석하여, 재난 극복과 도시재생의 공존 가능성을 탐구하고 시사점을 제시한다. 메리켄 파크는 지진의 상흔을 보존하고 기억하는 동시에 시민들의 휴식과 치유를 위한 공간으로 탈바꿈했고, 하버랜드는 복합 쇼핑몰 개발을 통해 지역 경제 활성화와 도시 이미지 개선에 기여했다. 고베 포트 타워와 고베 해양 박물관은 도시 랜드마크 및 문화 시설로서의 기능을 수행하며 고베항의 매력을 한층 고조시키고 있음을 이야기한다. 「군항도시 사세보(佐世保)의 평화산업항만도시 전환을 위한 실천과 도전」에서는 일본 사세보가 군사 기지 도시에서 평화로운 관광 도시로 변화하려는 노력과 그 과정에서 겪었던 어려움을 역사적, 사회적 관점에서 기술을 하고 있다. 사세보는 '나가사키 오란다무라'를 시작으로 '하우스텐보스'라는 대규모 테마파크를 건설하여 관광 도시로의 전환을 시도했다. 하지만 부지가 과거 일본 해군의 시설이었고, 태평양 전쟁 당시에는 인양민 수용소로 사용되는 등 아픈 역사를 간직하고 있었던 곳이다. 하우스텐보스는 이러한 역사적 맥락 속에서 관광도시로 탄생했으며 사세보의 새로운 미래를 향한 상징적인 공간으로 자리매김하고 있음을 밝히고 있다. 「도시재생의 성공 모델, 요코하마 미나토미라이21」에서는 미나토미라이21이 어떤 과정을 거쳐 도시재생에 성공을 이루었는지, 그리고 성공을 이끈 다양한 요인들은 무엇이었는지 등을 심층적으로 분석한다. 특히 장기적인 계획과 단계별 추진 전략, 민관 협력 체계 구축 및 시민 참여 유도 등은 매력적인 도시 환경을 조성하고 지역 활성화를 이끌어 내었는데, 이는 현재 추진 중인 부산 북항재개발 사업에 좋은 시사점을 제시한다고 강조한다.

「구랑위의 도시개조 프로젝트」는 중국 개혁개방 이후 구랑위의 도시 개조 프로젝트를 고찰하였다. 이에 이곳의 역사적 배경, 지역 정체성의 변천 및 문화 속성을 확인한 후, 개혁개방 이후 지역 개발과 재생사업에 있어 역사 및 문화적 자산의 역할과 지역 공동체에 미친 영향을 분석하였다. 1980년대 말부터 시작하여 대략 30년에 걸쳐 진행된 구랑위 개조 프로젝트는 구랑위의 도시정체성을 '관광도시'로 정립시켰고 이를 대내외적으로 자리매김하는 과정이었다고 소개한다. 「홍콩의 도시 변화와 홍콩인의 정체성 정립」은 홍콩의 도시 변화를 통해 도시 개발과 문화유산 보존, 그리고 정체성 형성이라는 복잡한 문제들을 살핀다. 홍콩인들은 도시 개발과 문화유산 보존이라는 이슈를 통해 자신의 정체성을 끊임없이 고민하고 있으며, 중국인이면서 동시에 홍콩인으로서의 정체성을 어떻게 조화롭게 유지할 것인가에 대한 질문은 오늘날 홍콩 사회의 중요한 화두 중 하나임을 강조한다.

「'문화사막'에서 '문화오아시스'로— 가오슝 보얼예술특구 이야기」는 가오슝시가 지금은 폐허가 된 과거 번성했던 가오슝 항구의 창고들을 예술 공간으로 재탄생시켜, 도시의 역사와 문화를 보존하면서 동시에 새로운 활력을 불어넣었던 보얼예술특구의 사례를 제시한다. 이곳이 전시, 공연, 교육 프로그램 등을 통해 시민들의 참여를 유도하고, 도시의 문화적 활력을 높였으며 정부와 예술가 등의 민관협력을 통해 지속 가능한 운영 모델을 구축했던 점에 주목했다. 전통의 해석과 현대적 재현을 중시해 새로운 문화적 가치를 창출했고 정부의 정책기조마저 바꿔놓은 보얼의 경험은 동아시아 공간전환 및 재생의 대표적인 사례라고 소개한다. 「지역이 예술과 만나다- 역사문화의 도시, 타이난 옌수이 이야기」는 지역 소멸의 위기에 직면한 현대 사회에서 예술이 지역 주민들의 적극적인 참여를 바탕으로 지역의 역사와 문화를 되살리고, 나아가 지역의 지속 가능한 발전을 이끌어내는 새로운 가능성을 제시한다는 점을 설명한다. 풀뿌리 민주주의처럼 지역/주민들에 의한, 지역/주민들을 위한 풀뿌리 예술을 발전시켜나가야 함을 강조한다.

「싱가포르 차이나타운, 옛 모습 잃어버린 엇갈린 재개발」은 싱가포르 차이나타운이 급속한 도시 개발 과정에서 겪은 변화를 통해 도시 재생의 양면성을 밝히고 있다. 과거 중국 이민자들의 삶과 문화가 깃든 숍하우스와 마제스틱 극장과 같은 역사적 건물들이 사라지고, 획일화된 현대식 건물들이 들어서면서 차이나타운은 본래의 정체성을 잃어버렸다. 싱가포르 차이나타운의 이러한 사례는 경제적 효율성만을 추구하는 도시 개발이 장기적으로는 지역 사회에 부정적인 영향을 미칠 수 있음을 보여준다. 따라서 도시 재생은 지역 주민들의 참여를 통해 공동체를 활성화하고, 도시의 정체성을 강화하는 과정이어야 함을 제언한다.

『동아시아 해역도시와 도시재생』은 동아시아 해역도시들의 도시재생 사례를 심층적으로 분석하고 그 의미와 시사점을 제시한다. 즉, 부산, 인천, 요코하마, 고베, 사세보, 샤먼, 홍콩, 가오슝, 타이난, 싱가포르 등 각 해역 도시들의 도시재생 추진과 성과 그리고 도시재생 과정에서 발생하는 다양한 문제점과 해결 방안을 모색함으로써, 미래지향적인 비전을 제시한다. 도시재생은 도시의 물리적 환경만을 변화시키는 것이 아니라, 도시 공동체의 활성화와 삶의 질 향상, 그리고 지속 가능한 도시 발전을 위한 중요한 도구이다. 본 책에서 제시된 다양한 도시재생 사례가 부산의 북항 재개발을 비롯해 도시재생 정책에 다양한 시사점을 제공하고 한국 사회의 도시 문제 해결에 일조할 수 있는 계기가 되기를 바란다.

국립부경대학교 인문한국플러스사업단 단장
김창경

프롤로그

해역 및 해역도시의 개념

해역은 바다와 그 주변 육지를 포괄하는 개념으로서 해양 생태계와 인류의 역사적, 정치적, 경제적, 사회적 및 문화적 활동이 결합된 공간권역을 의미한다. 해역은 단순히 지리적 및 물리적 공간을 넘어, 역사적으로 인류의 생존과 발전에 필수적인 자원과 경로를 제공해왔다. 해역은 무역의 통로, 자연 생태계의 보고, 해역문명의 형성과 발전, 인간사회의 사회문화적 상호작용의 장이었으며, 이러한 요소들은 해양과 인접한 도시들, 즉 해역도시의 발전에 중요한 영향을 미친다. 해역은 또한 기후변화, 해양오염, 생물다양성 감소 등 자연과 인류를 위협하는 도전과제들과 관련되어 있기도 하다.

해역도시는 해양과 밀접하게 연결되어 있는 도시로, 해역의 다양한 자원을 활용하여 경제적, 사회문화적 발전을 구가하는 공간이다. 이러한 도시들은 역사적으로 무역과 문화의 중심지로 기능해왔는데, 산업화와 글로벌화가 진행됨에 따라 그 중요성이 더욱 부각된다. 예를 들어, 항구도시들은 물류와 무역의 중심지로서, 세계 경제의 흐름에 큰 영향을 미친다. 도쿄, 상하이, 홍콩, 부산, 싱가포르 같은 도시들은 단순한 항만산업 중심지를 넘어, 동아시아 및 글로벌 공급망의 중요한 허브 역할을 한다. 이러한 도시들은 해역자원을 기반으로 한 산업의 발전과 함께 관광 및 문화산업에서도 중요한 역할을 수행한다. 해양경제, 교통, 환경, 문화, 거버넌스 등 다양한 측면에서 중요한 역할을 수행하는 해역도시는 단순히 지리적 위치에 국한되지 않고, 해양과의 관계를 통해 사회적, 경제적, 환경적 상호작용을 형성하는 복합적인 시스템이다.

한편 해역도시의 중요성, 역할, 특징을 종합적으로 정리하면 다음과 같다. 첫째, 해역도시는 경제적 가치가 크다. 어업, 해양관광, 해운 등 다양한 산업이 발전할 수 있는 기반을 제공하며, 이는 국가 및 지역경제의 활성화에 기여한다. 해양관광 산업은 전 세계적으로 성장하고 있으며, 해역도시는 이러한 산업의 중심지로 자리 잡고 있다. 예를 들어 해양 스포츠, 크루즈 관광, 해양전시, 갯벌 및 어촌체험 등 다양한 문화·관광자원이 개발되고 있다. 또한 해양교통로에 위치한 해역도시는 국제무역과 물류의 중심지로 기능하며, 발달한 항만시설은 물품의 유통을 원활하게 한다. 이러한 물류 허브로서의 역할은 물류비용 절감과 효율성을 높이는 데 기여하며, 대량운송이 가능하다는 점에서도 지속 가능한 물류 시스템 구축에 중요한 요소로 작용한다.

둘째, 생태·환경적 측면에서도 해역도시는 중요한 역할을 한다. 해양 생태계와 밀접하게 연결되어 있어 해양 환경보호와 인간 안보 및 지속가능한 발전이 중요한 과제가 된다. 해양자원의 관리와 보존은 지역주민의 삶의 질 향상에 기여하며, 해양 생태계는 생물 다양성의 보고이기 때문에 이들 자원의 보존은 지구 환경보호와 직결된다. 따라서 해역도시는 해양 생태계의 건강성을 유지하기 위한 정책과 프로그램을 개발하고 시행해야 한다. 더불어 사회적 기능 또한 간과할 수 없다. 해역도시는 지역사회의 발전에도 중요한 역할을 하며, 해양과의 접촉은 지역주민의 정체성을 강화하고 공동체 의식을 형성시킨다. 해양 문화, 전통, 예술 등이 발달은 지역사회의 문화적 풍요로움을 증진하게 된다. 나아가 각 지역과 도시의 인구, 문화, 관습 등이 유입됨에 따라 문화적 다양성이 증대되고, 이는 지역사회의 창의성과 혁신성을 높이는 데 기여하게 된다.

셋째, 해역도시는 지리적 특성으로 인해 독특한 환경을 지닌다. 바다와의 근접성은 기후, 생태계, 자원 분포 등에 영향을 미쳐 도시의 발전 방향을 결정짓는다. 해양기후는 농업과 어업에 영향을 미치며, 해양자원의 접근성은 경제적 기회를 창출한다. 그러나 해양재해에 대한 취약성도 고려해야 하며, 이러한 요소들은 해역도시의 지속가능성을 좌우하는 중요한 변수로 작용한다. 해양과의 접촉은 다양한 문화의 융합을 가져오고, 해양문화를 바탕으로 한 축제, 음식, 예술, 문화 등이 발달하여 지역주민의 정체성과 의식을 형성한다. 해양문화는 지역 고유의 역사와 전통을 반영하며, 이는 관광자원으로서의 가치도 지닌다. 또한 해양산업의 발전은 기술 혁신을 촉진하여 해양 에너지, 해양 생물학, 해양공학 등 다양한 분야에서 연구와 개발이 이루어지며, 이는 해역도시의 경쟁력을 높인다. 그리고 해양 에너지 개발은 신재생 에너지의 중요한 원천으로 부각되고 있으며, 이는 환경문제 해결에 기여할 수 있다.

마지막으로, 해역도시의 발전은 정책적 접근이 필수적이다. 지속가능한 해양 개발을 위한 정책, 환경보호를 위한 법률, 그리고 지역사회의 참여를 유도하는 시스템과 제도 등이 필요하다. 이러한 정책들은 해역도시가 직면한 다양한 문제를 해결하는 데 기여하며, 지역주민의 삶의 질 향상에도 긍정적인 영향을 미친다. 해역도시는 현대 사회에서 점점 더 중요한 역할을 하고 있으며, 경제적, 환경적, 문화적 측면에서 그 중요성이 강조되고 있다. 나아가 해역도시는 지속가능한 발전을 위한 전략을 모색하며, 해양 자원의 효율적 관리와 보호를 통해 지역사회의 발전에 기여해야 한다. 이와 같은 해역도시의 발전은 단순히 지역경제의 성장에 그치지 않고, 글로벌 차원에서의 협력과 상생의 기반이 될 것이다. 따라서 해역도시는 미래의 지속가능한 사회를 위한 핵심적인 장소로 자리매김할 것으로 전망된다.

동아시아 해역도시의 범주와 역할

동아시아 해역도시는 중국, 일본, 한국, 타이완, 싱가포르 등 다양한 국가에 위치한 도시들로 구성된다. 이들 도시는 역사적으로 해역을 기반으로 하는 문명발전 및 교류의 중심지로 기능해왔으며, 각기 다른 역사적 배경과 사회문화적 특성을 지니고 있기도 하다. 부산과 인천은 한국의 주요 해역도시로서, 국제무역과 해양산업의 중심지로 자리 잡고 있다. 부산은 특히 동아시아의 물류 중심지로 성장했으며, 인천은 송도 국제도시와 같은 혁신적인 발전 프로젝트를 통해 글로벌 경쟁력을 강화하고 있다. 고베와 요코하마는 일본의 대표적인 해역도시로, 역사적으로 서구와의 교류를 통해 현대화를 이루었다. 이들 도시는 일본의 산업 발전과 함께 성장하였으며, 현재는 해양관광 및 문화산업에서도 중요한 역할을 하고 있다. 상하이와 홍콩은 중국의 경제발전을 이끄는 중요한 도시로, 글로벌 물류 및 금융 중심지로서의 역할을 수행하고 있다. 세계에서 가장 큰 항만도시 상하이는 국제무역과 투자 유치에 있어 중요한 역할을 하고 있으며, 홍콩은 자유무역항으로서 오랜 동안 아시아 경제의 허브로 기능해왔다.

이러한 동아시아 해역도시는 각국의 경제적, 사회적 발전에 기여하며, 지역 간의 교류와 협력을 통해 더욱 발전할 가능성을 지니고 있다. 해양자원을 활용한 경제적 기회는 물론, 문화적 교류와 협력이 이뤄지는 공간으로서의 역할도 중요하다. 각 도시의 독특한 문화유산, 예를 들어 전통 음악, 미술, 음식문화 등은 관광객을 유치하고 지역경제를 활성화하는 데 기여한다. 동아시아 해역도시는 기후 변화, 인구 고령화, 도시화 등의 글로벌 도전 과제에 직면해 있으며, 이러한 문제를 해결하기 위한 혁신적인 접근 방식이 필요하다.

문화적 측면에서 동아시아 해역도시는 다양한 문화적 전통과 관습을 가진 인구가 밀집해 있다. 이러한 문화적 다양성은 지역사회의 풍요로움을 더하며, 서로 다른 문화 간의 상호작용을 통해 새로운 문화적 가치가 창출된다. 해양문화와 관련된 축제, 전통 예술, 사회문화 등은 지역의 정체성과 장소성을 형성하고, 외부 관광객에게도 매력적인 요소로 작용한다. 이러한 문화적 교류는 지역주민 간의 사회적 유대감을 증진시키는 데 기여하며, 서로 다른 문화가 융합되어 새로운 창조적 결과물을 낳는 기회를 제공하기도 한다.

동아시아 해역도시는 지역 내 정치적 긴장과 갈등, 사회경제적 불균형 등의 문제에도 직면해 있다. 이러한 문제들은 해역도시의 발전에 부정적인 영향을 미칠 수 있으며, 도시 및 지역 간의 협력과 연대가 필수적이다. 따라서 동아시아 해역도시는 이러한 도전 과제를 극복하기 위한 전략을 마련하고, 지속가능한 발전을 이루기 위해 노력해야 한다.

동아시아 해역도시의 중요성과 가치

　　동아시아 해역도시들은 아시아태평양 지역과 글로벌 차원에서 중요한 역할을 담당하고 있으며, 경제적, 문화적, 정치적 측면에서 그 의의가 크다. 부산, 인천, 도쿄, 고베, 오사카, 요코하마, 상하이, 홍콩, 광저우, 샤먼, 가오슝, 타이난, 타이베이, 싱가포르 등은 모두 지리적으로 유리한 위치와 발전된 인프라를 바탕으로 글로벌 정치경제의 주요 거점으로 자리 잡았다. 이러한 도시들은 글로벌 무역, 문화교류, 그리고 외교안보적 협력의 중심지로서 동아시아뿐만 아니라 세계적으로도 중요한 역할을 수행하고 있다.

　　이들 도시는 세계적인 무역항구로 기능하며, 아시아 및 세계 시장과의 연결성을 높이는 데 기여하고 있다. 상하이는 중국의 경제 중심지로, 세계에서 가장 큰 규모의 항구도시로서 글로벌 물류망의 핵심 역할을 한다. 상하이 자유무역구는 해외자본의 투자 유치에 있어 중요한 플랫폼 역할을 하며, 이는 중국 경제의 국제화에 기여하고 있다. 싱가포르는 동·남아시아의 물류 및 금융허브로서 다양한 글로벌 기업들의 아시아 본부가 위치해 있어 글로벌 비즈니스의 중심지로 부상하고 있다. 이와 같은 경제적 중심지는 외국인 투자 유치와 무역 활성화를 통한 지역경제 성장에 기여하고 있으며, 부산과 인천은 한국의 주요 항구도시로서 한반도와 동아시아의 물류 중심지 역할을 하고 있다. 특히 부산은 동북아 물류 중심지로서의 위치를 활용하여 다양한 국제 해양물류 서비스

와 산업을 발전시키고 있다. 이러한 도시들은 해양 산업의 발전뿐
만 아니라, 혁신적인 물류 시스템을 통해 아시아의 경제 성장에 기
여하고 있다.

동아시아 해역도시는 다양한 문화가 융합되는 장소로서 국제
적인 문화교류의 장을 제공한다. 홍콩은 동서양 문화가 혼합된 도
시로, 관광과 문화산업에서 중요한 역할을 하고 있으며, 다양한
문화행사와 국제영화제, 미술 전시회는 글로벌 문화 트렌드를 선
도한다. 오사카와 고베는 일본의 전통적인 문화와 현대적 요소가
조화롭게 어우러진 도시로, 전세계 관광객들에게 매력적인 방문지
로 유명하다. 특히 오사카는 일본의 음식문화 중심지로 유명하며,
다채로운 음식 경험은 세계 각국의 관광객들을 끌어들이고 있다.
타이완의 중심도시 가오슝과 타이베이 그리고 싱가포르는 아시아
와 서구 문화의 융합을 잘 보여주는 도시다. 이러한 문화적 다양
성은 각 도시의 경제에도 긍정적인 영향을 미치며, 문화산업의 발
전을 촉진하고 있다. 고베는 일본의 외국인 거주 지역으로서 다문
화사회를 잘 보여주는 사례로, 다양한 문화가 공존하는 도시로 발
전하고 있다. 이러한 문화적 상호작용은 지역 사회의 통합과 발전
에 기여하며, 글로벌 차원에서의 이해와 협력을 증진시키는 데 중
요한 역할을 한다.

동아시아 해역도시는 정치적 안정성과 발전된 행정 시스템을
바탕으로 국제사회에서의 영향력을 확대하고 있다. 부산과 인천
은 한반도와 아시아의 정치적 및 경제적 연결을 강화하는 데 중요

한 역할을 하고 있으며, 국제기구와의 협력 및 다자간 외교를 통해 아시아태평양 지역의 평화와 안정을 도모하고 있다. 일본의 요코하마는 아시아의 국제회의와 포럼이 자주 열리는 장소로, 정치경제적 대화와 협력의 장을 제공한다. 상하이는 중국의 외교정책의 중요한 거점으로서 아시아 국가들과의 경제 및 외교적 협력을 강화하는 데 중점을 두고 있으며, 이러한 정치적 활동은 지역의 안정을 높이고 경제적 협력을 통해 지속가능한 발전을 도모한다. 싱가포르는 ASEAN의 중요한 회원국으로서 아시아태평양 지역의 안정과 협력을 위한 중재자 역할을 수행하고 있으며, 아시아 국가들 간의 경제통합과 사회문화적 협력을 촉진하고 있다.

마지막으로, 동아시아 해역도시들은 경제적 발전과 함께 사회 및 생태·환경 차원의 지속가능성에 대한 관심도 높아지고 있다. 이러한 도시는 기후변화와 환경문제에 대응하기 위해 다양한 정책과 프로그램을 시행하고 있는데, 상하이, 싱가포르를 비롯한 다수의 동아시아 해역도시들은 스마트시티 건설을 통해 지속가능한 도시발전을 추구하고 있다. 또한 부산은 해양환경 보호 및 지속가능한 어업을 위한 다양한 정책적 노력을 구상, 추진하고 있으며, 이러한 도시들은 지속 가능한 발전을 위한 국제적인 협력에도 적극적으로 참여하고 있다. 이로 인해 지역주민들의 삶의 질 향상뿐만 아니라 동아시아 지역 전체의 지속가능한 발전에 기여하고 있다.

결론적으로, 동아시아 해역도시들은 경제적, 사회문화적, 정치적, 생태·환경적 측면에서 아시아태평양 및 글로벌 차원에서 매우 중요한 위치를 차지하고 있다. 이들 도시의 발전은 지역 경제의 성장뿐만 아니라 국제사회와의 연계를 통해 글로벌화의 흐름 속에서 더욱 중요해질 것으로 보인다. 따라서 동아시아 해역도시들은 앞으로도 아시아태평양 지역의 협력과 발전을 이끌어가는 주역으로서의 기능을 지속적으로 확장해 나갈 것으로 전망된다.

동아시아 해역도시의 현황과 과제

동아시아 해역도시들은 경제적 성장과 글로벌화의 중심지로 자리잡고 있으며, 이들은 기술 혁신, 산업발전, 인프라 구축 등에서 두각을 나타내고 있다. 그러나 현재 이들 도시는 여러 정치적, 사회적, 경제적, 생태환경적 문제에 직면하고 있으며, 이러한 도전 과제는 복합적이고 상호연결되어 있다.

먼저, 정치적 문제는 동아시아 해역도시들이 직면한 중요한 도전 과제 중 하나다. 지역 내 및 지역 간의 정치적 긴장과 갈등은 도시 발전에 부정적인 영향을 미친다. 예를 들어, 한반도의 군사적 긴장은 부산과 인천의 경제적 안정성을 위협하고 있으며, 이는 외국인 투자 유치에 악영향을 미친다. 중국과 타이완 간의 정치외교적 갈등은 가오슝, 상하이 등에 직접적인 영향을 미치고 있다. 이러한 정치적 불안정은 지역 내 신뢰 구축을 저해하며, 국제 사회에서의 위치를 약화시킬 수 있다. 홍콩의 경우, 최근 몇 년간 나타난 정치적 불안정은 국제물류 및 금융 중심지로서의 위상을 위협하고 있으며, 이는 경제적 불확실성을 초래하고 있다. 이러한 정치적 문제들은 또한 인권 문제와도 연결되어 있어, 국제 사회의 비판을 받고 있다.

두번째, 사회적 문제는 인구구조의 변화, 도시화, 사회경제적 양극화 등으로 인해 더욱 심화되고 있다. 많은 동아시아 해역도시에서는 고령화 사회로의 전환이 진행되고 있으며, 이로 인해 생산 및 노동인구의 부족과 사회복지 측면의 부담이 증가하고 있다. 통계에 따르면, 일본의 고령인구 비율은 2023년 기준 약 29%에 달하며, 계속 증가할 것으로 예상된다. 이는 비단 일본만의 문제가 아니라 중국, 한국, 타이완 모두 해당한다. 이와 같은 사회적 문제는 도시의 지속가능한 발전을 저해하며, 장기적으로는 경제성장에 부정적인 영향을 미친다. 또한, 급속한 도시화로 인해 주택 공급이 수요를 따라가지 못하고 주거비가 상승하고 있다. 홍콩은 평균 주택가격이 가구 소득의 20배 이상에 달하는 상황으로, 중·저소득층 가구는 적절한 주거 공간을 확보하기 어렵다. 이로 인해 불법 주거지나 슬럼가의 형성이 가속화되고, 이는 도시 안전과 보건 문제를 악화시킨다. 소득 불균형 문제도 심각하다. 상하이와 같은 대도시에서는 고소득층과 저소득층 간의 격차가 극심하며, 이는 집단 및 세대 간 불평등의 심화를 초래한다. 마지막으로, 정신 건강 문제도 간과할 수 없는 사회적 도전 과제다. 급격한 사회

변화와 경제적 압박은 많은 사람들에게 스트레스와 불안을 초래하며, 이는 정신 건강 문제로 이어진다. 한국과 일본의 높은 자살률, 점차 높아지는 중국의 자살률은 이러한 사회적 고립과 정신적 스트레스의 직접적인 결과로 나타나고 있다. 한중일을 위시한 동아시아 지역의 도시들은 이렇게 '사회적 쇠퇴(Social Degradation)'의 문제를 경험하고 있다.

셋째로, 경제적 문제는 글로벌 경제의 변화와 무역분쟁 등으로 인해 더욱 복잡해지고 있다. 미국과 중국 간의 무역 갈등은 아시아 국가들에게 경제적 압박을 가하고 있으며, 이는 동아시아 해역도시들의 경제성장에도 부정적으로 작용한다. 상하이와 싱가포르는 이러한 무역갈등의 여파로 해외투자자들의 신뢰를 잃을 수 있는 위험에 처해 있으며, 이는 산업 구조조정의 필요성을 더욱 부각시킨다. COVID-19 팬데믹 이후 경제회복이 더디게 진행되면서, 실업률 증가와 산업구조의 변화도 큰 도전 과제가 되고 있다. 팬데믹으로 인해 많은 중소기업이 어려움을 겪고 있으며, 이는 사회 전체의 불안정성으로 이어지고 있다. 따라서, 이들 도시는 새로운 산업 생태계를 구축하고, 경제 및 산업의 다각화를 통해 위기를 극복할 필요가 있다.

마지막으로, 생태환경적 문제는 기후변화와 자연재해의 증가로 인해 더욱 두드러지고 있다. 동아시아 해역도시들은 해수면 상승, 태풍, 홍수 등의 자연재해에 취약하다. 특히 해수면 상승으로 인한 침수 위험이 증가하고 있으며, 이는 도시 인프라와 주민의 안전을 위협하고 있다. 대기오염 문제는 보건 및 위생을 비롯한 삶의 질 전반에 부정적인 영향을 미치며, 이는 사회적 불안으로 이어질 수 있다. 세계보건기구(WHO)에 따르면, 전 세계적으로 대기오염은 매년 수백만 명의 조기 사망을 초래하고 있으며, 이는 동아시아 지역에서도 심각한 문제로 대두되고 있다. 따라서 이러한 생태·환경적 문제를 해결하기 위한 지속가능한 정책과 국제적 협력 및 거버넌스가 필수적이다.

결론적으로, 동아시아 해역도시들은 다양하면서도 복잡한 정치적, 사회적, 경제적, 생태환경적 문제에 직면하고 있으며, 이러한 도전 과제를 해결하기 위해서는 통합적이고 지속가능한 접근이 필요하다. 각 도시 간의 협력과 국제사회와의 연계가 중요하며, 이를 통해 지속가능한 발전을 도모해야 한다.

도시재생의 개념과 역할 그리고 의의

도시재생(Urban Regeneration)은 도시의 노후화된 지역이나 쇠퇴한 지역을 Revitalization(재활성화)하고, 지속가능한 방식으로 발전시키기 위한 종합적이고 다차원적인 접근 방식을 의미한다. 이는 단순히 물리적 환경의 개선을 넘어, 사회적, 경제적, 환경적 요소를 모두 포함하는 복합적인 과정이다. 도시재생은 주거지, 상업지역과 시설, 공공 공간과 시설 등 다양한 측면에서 이루어지며,

주민 참여, 삶의 질의 개선, 역사·문화 등 맥락과 장소성의 보존, 과거와 현재의 조화, 지역사회의 활성화 등을 중요시한다. 20세기 후반에 영국에서 시작된 현대적 의미의 도시재생은, 산업화로 인한 도시의 급속한 성장, 연이은 도심공동화 현상, 환경오염, 거주 및 산업시설의 낙후와 노후화, 산업의 쇠퇴, 인구 유출 등 도시의 다양한 문제를 완화하기 위한 방법으로서 등장하였다.

　도시재생의 역할은 다양하다. 첫째, 경제적 활성화를 통해 지역경제를 재건하고 일자리를 창출하는 데 도움을 준다. 도시재생 프로젝트를 통해 새로운 상업 시설과 산업이 유입되면서 지역 경제를 활성화할 수 있다. 이는 지역주민의 소득증대로 연결되어 결과적으로 지역사회의 전반적인 삶의 질 향상으로 이어진다. 예를 들어, 런던의 '콜 드롭스 야드(Coal Drops Yard)' 재생 프로젝트는 지역의 환경과 경관을 개선하고, 상권을 형성하며, 관광객 유치에 성공하여 경제적 효과를 누리게 되었다. 둘째, 도시재생은 사회적 통합을 촉진한다. 주민참여를 통해 지역사회의 요구를 반영하고, 다양한 이해관계와 의견을 가진 주민들이 소통하고 어우러질 수 있는 기회, 과정, 공간을 마련함으로써 사회적 결속력을 강화한다. 이러한 과정은 주민들이 자발적으로 지역사회의 문제 해결에 참여하도록 유도하며, 공동체 의식을 증진시키는 데 중요한 역할을 한다. 일본과 타이완의 몇몇 모범적인 도시재생 혹은 마을재생 사례들은 지역주민의 의견을 적극 반영하고, 주민들이 능동적으로 재생의 과정에 참여했다는 점에서 주목을 받고 있다. 셋째, 도시재생은 생태·환경적 지속가능성을 고려하여 녹지 혹은 친수공간과 공공시설을 재구성하고, 기후변화에 대응하는 도시구조로 전환시키는 데 유효하다. 녹색공간의 확충과 대중교통의 개선은 도심과 도시의 환경의 질을 향상하는 데 중요한 역할을 하며, 에너지 효율성을 높이고 대기오염을 줄이는 등 환경보호의 효과를 가져다준다. 그리고 지속가능한 건축과 인프라 설계 등의 도시 디자인의 가치와 기능 역시 지역재생 또는 도시재생과 맞물려 있다.

위에서도 언급했듯이 도시재생의 의의는 단순히 물리적 공간의 변화에 그치지 않고 주민의 삶의 질 향상과 지역사회의 지속가능한 발전을 이끄는 데 있다. 재생의 과정에서 지역사회의 역사·문화 유산과 기억에 대한 고려, 지역주민들의 참여와 협업, 차이와 다양성의 존중 등은 지역사회를 건강하게 만들고 지속가능한 발전을 가능케 한다는 점에서 도시재생의 의의를 발견할 수 있다. 또한 도시재생은 글로벌 차원에서도 중요한 의제를 형성하고 있으며, UN의 지속 가능한 개발 목표(SDGs)와도 밀접한 관련이 있다. 저소득층과 사회적 약자에 대한 지원을 강화하고 지역 불평등을 해소하는 데 중요한 도구로써 활용된다는 점에서 가치가 있다. 또한 도시재생은 도시의 포용성과 접근성을 높이는 데 공헌하며, 사회적 불평등을 완화하는 데에도 중요한 역할을 한다.

현재 도시재생은 전 세계적으로 다양한 방식과 형태로 진행되고 있으며, 각 도시의 특성과 요구에 맞춘 맞춤형 접근이 필요하다. 그리고 도시재생 프로젝트는 단기적인 성과를 목표로 하기

보다는 장기적인 비전과 계획을 가지고 접근해야 한다. 미래의 도시재생은 디지털 기술과의 융합이 더욱 중요해질 것이며, 스마트 시티(Smart City) 개념이 확산됨에 따라 데이터 기반의 도시관리와 주민참여가 결합된 새로운 형태의 도시재생 모델이 주목받을 가능성이 크다. 예를 들어, IoT(사물인터넷) 기술을 활용한 주민의견 수집 및 분석은 보다 효율적이고 포괄적인 도시재생 계획 수립에 기여할 수 있다. 결론적으로, 도시재생은 단순한 물리적 공간과 시설의 변화가 아니라 경제적, 사회적, 문화적, 환경적 요소를 아우르는 종합적인 접근 방식이다. 도시재생의 역할 중요성은 앞으로도 계속해서 강화될 것이며, 각 지역사회와 도시가 직면한 도전 과제를 극복하는 데 중요한 역할을 할 것이다.

동아시아 해역도시와 도시재생

위에서 동아시아 해역도시의 직면 과제, 도시재생의 역할에 대해 살펴보았다. 따라서 우리는 자연스럽게 동아시아 해역도시에서의 도시재생에 대해 눈을 돌리게 된다. 재론하자면 지역 및 도시의 낙후, 유휴, 쇠퇴한 공간, 시설, 장소, 마을을 회복하고 활성화하는 방법이자 도구로서의 도시재생이 1990년대 및 2000년대 들어 세계적으로 주목받고 있다. 이에 더하여 지속가능한 발전이 모든 영역과 층위에서 공통적인 화두인만큼, 지속가능한 도시 또는 마을 만들기가 전 세계 대부분 국가와 지역의 발전전략이기도 하다.

부산, 인천, 상하이, 홍콩, 샤먼, 고베, 사세보, 요코하마, 가오슝, 타이베이, 타이난, 싱가포르 등 동아시아의 대표적인 해역도시를 고찰하고 탐구하는 수많은 개념틀과 접근방식이 존재한다. 그중 하나가 도시재생이라고 할 수 있다. 제국주의와 산업화 등 동아시아의 공통적인 역사적-경제적-사회적 경험과 동아시아의 상이한 정치-경제-사회적 경험들이 교직하면서, 동아시아 해역도시의 도시재생의 사례 또한 공통점과 차이점을 양산했을 것이다. 이러한 배경과 문제의식을 바탕으로 동아시아 해역도시의 도시재생 사례에 대한 연구를 통해, 동아시아 해역도시의 도시재생의 공통점, 차이점, 연관성 등을 발견할 수 있을 것이다. 그리고 이를 기반으로—서구와는 조금 다른—동아시아적 도시재생의 특성과 의의를 도출하는 작업도 불가능하지는 않다고 본다. 더 나아가 도시재생을 매개로 하는 동아시아 해역도시 간 교류, 협력, 네트워크 구축의 정책적 및 실천적 방안에 대해서도 지속적으로 구상하고 추진해볼 수 있을 것이다.

역사적 및 사회경제적으로 동아시아 해역도시의 도시재생 사업 또는 프로젝트가 공통적으로 경험-직면한 상황은 아마도 다음과 같을 것이다. 압축 성장 과정에서 발생한 도심 공동화 및 노후화의 문제, 역사 및 문화유산의 보존과 활용의 의의, 도시재생을 통한 지속가능한 도시개발의 필요성 인식 등이 그것이다. 한편 동아시아 해역도시의 도시재생 추진 관련 일정한 차이점도 존재할 것이다. 각국 및 각 도시의 도시재생 정책과 제도의 차이, 지역문화와 개발 방식의 차이, 도시재생 사업의 추진 주체와 과정의 차이 등을 상정해볼 수 있다.

『동아시아 해역도시와 도시재생』은 동아시아 10개 해역도시의 항만재생, 지역재생, 도시재생, 마을재생에 대해 고찰하고 있고, 그 외에 도시재생의 개념과 범주로 규정하기 어려운 다양한 사례들도 포함하고 있다. 이 책에서 언급된 사례들, 그리고 언급되지 않은 동아시아 도시들의 사례를 유형화 또는 범주화하자면, 역사·문화 자산의 활용, 창조적 공간개발, 지역커뮤니티의 활성화, 주민참여와 민관협력, 문화·예술을 통한 장소 만들기, 복합적 광역 차원의 도시재생 등이 될 것이다.

이제 프롤로그의 결론을 맺고자 한다. 동아시아는 급격한 경제성장, 도시화, 사회문화적 변화를 경험하면서 도심공동화, 산업경제의 쇠퇴, 주거환경의 악화, 역사문화 자산의 훼손, 커뮤니티의 붕괴 등의 문제에 직면해왔다. 이에 각 도시는 쇠퇴한 지역과 마을의 회복과 활성화, 지속가능성의 제고, 삶의 질 향상 등을 목표로 다양한 도시재생 전략을 추진해왔다. 이 책에서는 이들 10개 동아시아 해역도시의 항만, 도심, 도시, 마을 및 지역사회의 재생 또는 활성화의 경험과 사례들을 제시하고, 이를 통해 독자들이 동아시아 해역도시 재생 및 활성화의 공통점과 차이점, 연관성, 과제 등을 사유하고 고민하는 기회를 제공하고자 한다. 그리고 본 연구를

발판 혹은 지렛대로 삼아, 향후 동아시아 도시재생의 특징과 의의
를 규명하고, 도시재생이라는 방법론을 중심으로 동아시아 도시
들 간의 교류, 협력, 연대, 네트워크의 정책방안을 구상 및 실행하
며, 나아가 지속가능한 '동아시아 공통의 도시권역'을 창출해나가
길 기대해본다.

국립부경대학교 인문사회과학연구소 HK연구교수
김성민

차례

1장

한국 해역도시의
도시재생

해역도시 부산의
도시개발과 재생 사이

1 한반도의 관문도시 부산

부산은 부산포라는 작은 어촌에서 시작하여 개항 이후 한국을 대표할 뿐만 아니라, 물동량 부문에서 세계 10위 안에 드는 대도시가 되었다. 부산은 1876년 개항 이후 현재까지 약 150여 년의 세월동안 많은 사건을 겪었고 이로 인해 도시의 변화 역시 급격하게 이루어졌다. 일제 강점기에는 식민도시이자 관문도시였으며, 해방 이후에는 한국전쟁으로 인한 피난도시(수도)였고, 1960년대 이후에는 산업화 정책에 의한 항만도시였다. 21세기 이후에는 글로벌리즘과 탈산업화로 인해 새로운 해양도시로 전환하고자 시도하고 있다.

이러한 도시의 변화과정에서도 한반도의 대표적인 관문도시로서의 위상은 변하지 않았으며, 세계와 한반도를 잇는 역할을 통해 지속적인 성장을 이룩해왔다. 하지만 20세기 말 이후 이러한 성장이 답보상태에 머물고 이에 따라 인구 역시 감소하고 있다. 새로운 성장동력을 발굴해야 하는 처지에 놓여 있는 셈이다. 부산시는 이에 대한 대책을 다양하게 내놓고 있는데, 그것은 우선 신항만, 신공항건설과 같은 관문도시의 위상을 뒷받침하는, 소위 세계와 연결하는 교통망 인프라 건설이다. 이것은 개항 전부터 초량왜관의 설치와 같이 대외교역의 장을 마련했던 부산의 역사와도 연결되는데, 곧 지리(경)학적 관점에서 부산은 관문도시로서 세계와의 연결을 용이하게 하는 조건을 갖추고 있었던 것과 관련된다. 이러한 특성은 부산의 미래를 생각했을 때도 중요한 요소이며, 그렇기 때문에 여전히 세계적인 항만도시로서 자리매김하고 있고, AI시대에도 이러한 성격을 신기술과 결합하여 더욱 강화해가는 노력은 필요해 보인다. 이를 위해 부산시가 추구했던 정책이 해양도시(수도) 건설이었다. 현재는 글로벌 허브도시 구상을 내놓고 있다. 여기서도 역시 중요한 것은 새로운 교통망 형성이다.

2   글로벌 허브도시 구상과 가덕도신공항 건설

최근 부산시는 '글로벌 허브도시' 건설을 목표로 내세우고 있다. 허브(Hub)는 국내외 대도시권의 성장전략으로 주목을 받고 있는데, 허브란 '바퀴의 중심'이라는 뜻으로 런던·뉴욕 등의 금융허브, 로테르담·부산 등의 물류허브가 대표적이다. 허브도시는 네

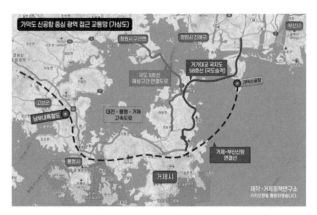

가덕도신공항 중심 광역 교통망(출처: 거제뉴스아이)

트워크의 중심을 차지하고 핵심정보를 소유하면서 자연스럽게 경쟁우위를 확보할 수 있다. 부산은 종합 허브지수 산정 결과 서울과 경기에 이어 전국 3위로 나타났다. 특히 부산은 물류분야에서 1위를 차지, 물류중심 도시다운 높은 경쟁력을 보였다. 산업 분야는 수도권과 큰 격차가 나지 않아 발전 가능성을 열어놓았다. 부산이 글로벌 허브도시로 도약하기 위해서는 물류를 중심으로 하는 단계적 발전전략이 필요하다. 이를 위해서는 가덕도신공항 건설 등 물류허브도시로 성장하기 위한 기반시설 사업에 대한 공격적 추진이 요구된다.

그 이유는 첫째, 도시발전 전략의 패러다임이 단일 도시 경쟁에서 도시 간 네트워크 경쟁 시대로 진입하고, 둘째, 기존의 단일 도시 중심 성장모델이 아닌 광역경제권 내의 상생협력을 중시하

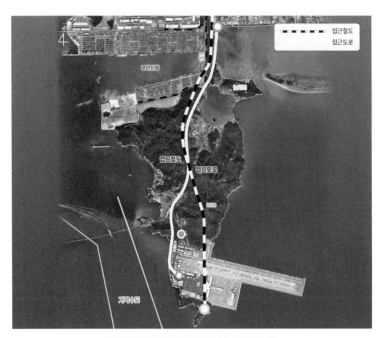

가덕도신공항 접근 교통망(출처: 부산시)

며, 셋째, 세계의 주요 대도시들은 다양한 허브전략을 수립해 경쟁 우위 확보를 시도하고 있기 때문이다. 이처럼 네트워크 시대에 도시의 기능과 활동이 집중된 대도시권의 중요성이 부각되면서 광역경제권·광역도시권 등으로 대표되는 광역권에 대한 관심이 증가하고 있으며, 미래의 중심도시는 네트워크 내부의 연결이라는 관점에서 점(Point) → 선(line) → 면(surface)으로 입체화되고 있다. 그래서 도시 간 경쟁구조가 아닌 협력적 네트워크를 통해 상호 신뢰도를 높이고 정보를 소통하는 협력적 도시성장 전략을 추진하고 있다.[1] 이제 부산은 동남권 중추도시를 넘어 글로벌 허브도시로 도약하고자 하는데, 부산은 허브지수를 통해 동남권 중추도시라는 인지도를 강화하고, 나아가 동남광역권과 주변도시 발전의 중심기능을 담당하며, 부산시는 도시 네트워크를 통해 강점과 약점을 분석하고 분야별 흐름을 파악해 발전 방향을 설정하려고 한다. 구체적으로는 첫째, 글로벌 허브도시로서의 가능성이 큰 물류는 기존의 항만에 가덕도 신공항 건설을 추가해 동남권 중추도시이자 동북아 관문도시로서의 위상을 확보하는 전략을 추구하고, 둘째, 국가허브로서 교육과 산업을 육성해 주변도시에 인적·생산자 서비스를 강화하면서 수도권 쏠림 현상에 대응할 수 있는 남부권 중추도시 기능을 수행하며, 셋째, 지역허브로서 의료·문화·인구·고용 등은 도시경제 활성화 → 삶의 질 제고 → 도시경쟁력 강화로 이어지는 연결고리를 형성하고, 넷째, 교통망과 정보망을 강화할 수 있는 기반시설 사업을 공격적으로 추진하며, 다섯째, 인적네트워크 강화와 초광역경제권 상생협력 사업의 추진이다.

이 글로벌 허브도시 추진은 자연스럽게 현안인 가덕도신공항 건설과 관련되지 않을 수 없다. 신공항 건설과 관련하여 제기되는 대표적인 문제는 첫째, 수요 측면에서 공항의 경제적 지속가능성이다. 둘째, 신공항 건설이 현 정부의 그린뉴딜 정책과 배치되

1   이지훈, 「동남권 중추도시를 넘어 글로벌 허브도시로」, 『BDI 정책포커스(N/A)』 No.80, 부산연구원, 2010.

며 기후위기를 심화시킬 것이라는 주장이다. 덧붙여 홍콩신공항 건설에서 대두되었던 것과 같은 가덕도 주민의 이주 문제다.[2] 이와 관련해 대규모 정부사업에 따라 사업 대상지인 작은 마을이 소멸되는 것에 대한 우려 역시 제기된다. 이것은 어느 도시들이든 도시(재)개발 과정에 늘 부딪히는 문제인데, 가덕도신공항 건설로 인해 실제로 주민들의 생계와 고향은 사라지고 일부 문화재도 유실될 것에 대한 긴밀하고 구체적인 대안이 마련되어야 한다. 물론 신공항건설 사업으로 인해 곧 소멸될 작은 대항마을이 오히려 역설적으로 더 부각되고 있는 현상도 있다. 구체적으로는 소멸하는 마을의 대외적 존재감 향상, 마을 내 장소성 자산의 발굴 확대, 마을 주민의 장소애착 강화, 무장소성 증가가 각각에 해당한다. 이러한 결과로부터 크게 두 가지 함의를 도출할 수 있다. 첫째는 사업 규모와 사업 대상지 규모 간 차이로 인해 발생하는 문제를 최소화할 필요가 있다는 점이다. 그 문제란 대규모 사업에 비해 사업 대상지가 작은 마을일 경우 마을(주민)이 쉽게 간과된다는 것이다. 둘째, 마을 소멸을 앞두고 역설적으로 장소가 더 부각되지만 사실은 그때의 장소는 장소성을 낳는 것과는 다른 형태라는 점일 것이다.[3]

2　이 문제와 관련해서는 남종석·송영조, 「가덕도 신공항의 지속가능성에 관한 연구」, 『경제와 사회』 겨울호(통권 제132호), 2021 참조.

3　김민주, 「대규모 정부사업에 따른 마을소멸 위기와 그 역설: 가덕도 대항마을을 중심으로」, 『지방행정연구』 제37권 제1호(통권 132호), 2023, pp.343-374.

결론적으로 신공항 건설로 인해 발생되는 문제는 가덕도 원주민의 생계와 이주, 어장을 비롯한 주변 해양환경의 파괴, 근대역사유산의 처리 등인데, 이를 어떻게 잘 처리해서 지속가능한 미래지향적인 공항을 만들 것인가에 대한 부산 시민의 집단지성이 모아져야 할 시점이다.

3 부산의 도시재생사업

부산에서 기존 도시의 외곽개발 못지않게 도심재생이 주요한 과제가 된 것은 2000년대 초였다. 옛 도심공항 부지를 재생한 해운대 센텀시티, 미군부대 이전적지를 공원으로 재생한 부산시민공원, 항만지구를 재생한 북항재개발사업, 게다가 거주인구가 반토막 난 원도심 지역의 도시재생 문제는 매우 시급하고 힘든 숙제였는데, 그 가운데 하나가 바로 산복도로 르네상스 프로젝트였다. 부산에서의 도시재생 논의는 2008년에 찾아온 국제금융위기 속에서 본격화되었다. 지형지세가 발달한 항구지역과 원도심 일대에 광범위하게 지정되어 있던 재개발지구와 재건축지구에 대한 투자여건이 크게 불리해지면서 뉴타운 사업지의 해제(3곳)와 450여 개에 달하던 재개발 및 재건축 지구 중 150여 곳의 개발 계획을 취소하는 일이 발생했다. 이로 인해 '재생' 개념이 대두되고 '창조도시론'이 부산의 미래상으로 받아들여지면서 부산의 도시개발 정책은 크게 변하게 되었다. 2010년 '창조도시본부'의 탄생은 도시 재생이 실천 단계로 나아가는 신호탄이 되었다.[4] 부산시도 2014년 도시재생 선도지역과 2016년 도시재생 일반지역이 선정되어 본격적인 국가 보조 도시재생 사업을 시행하였다. 이후, 2017년 새로운 정부의 출범 이후 도시재생 뉴딜사업이 지속적으로 추진되고 있으며, 2021년 기준으로 30곳에서 도시재생 활성화계획이 수립되어 도시재생 사업이 추진되고 있다.

궁극적으로 부산시가 도시재생 정책을 추진하게 된 것은, 부산이 도시기능 분산 및 재편과정에서 인구감소와 경제침체 및 주거환경 악화로 급격히 쇠퇴를 겪은 상황에 직면해서다. 곧 급속한 도시화와 도시공간의 확산과정에서 야기된 도심의 중심성이 약화됨과 동시에 개발 수요를 충족하기 위해 기성 시가지보다는 외곽 지역의 개발이 이뤄지고, 또 원도심 지역의 경제적 쇠퇴와 주거시설의 노후화 문제 등 도시 기반시설의 낙후로 도시민들의 삶의 질이 저하하고 양극화 현상이 심화되었던 것이다. 특히 기존 개발 위주의 정비방식은 원주민의 재정착에 기여하지 못하고 지역공동체를 해체시키는 등 도시문제를 심화시키고 있어 공동체 활성화를 위한 도시재생의 필요성이 대두되었다. 2013년 도시재생특별법 제정을 적극적으로 지지하면서, 인구의 대부분이 살고 있는 도시지역의 약 67%에서 쇠퇴징후가 나타나고 도시 내에서도 지역 간 쇠

---

4   강동진, 「역사문화환경을 활용한 부산 도시재생의 특성과 지향」, 『洌上古典硏究』 제 48집, 2015.

퇴 격차가 심화됨에 따라 도시재생 특별법을 통해 소외·배제되는 사람 없이 '국민' 모두가 체감하는 '행복'한 재생, 우리 도시의 창조적 역량 증진을 통한 '창조경제'형 일자리 재생, 유·무형적 가치를 재발견해 '경쟁력' 있는 새로운 도시재창조를 위한 도시재생의 새로운 비전으로 제시하고자 했다.

이를 실현하기 위해서 기성 시가지(원도심) 중심으로 도시정책의 전환, 지역·주민의 창의성을 바탕으로 자율적 추진, 시혜적 복지가 아닌 자생적 공간 복지 달성 등의 추진전략을 제시하였다. 곧 2010년 창조도시본부를 신설해 도시재생과 마을공동체 활성화를 전담해 산복도로 르네상스 사업, 행복마을 만들기 사업 등을 추진하면서 전국적 도시재생의 선도모델을 제시한 것이 대표적이다. 아울러 부산은 도시경제기반형 도시재생 선도지역 지정으로 원도심 지역을 중심으로 북항 재개발 지역, 부산역 주변 철도부지를 종합적으로 발전시킬 수 있는 계기를 마련하였는데, 지방도시이면서 동시에 대도시의 특성을 지닌 부산은 기존에 추진 중인 근린재생형 도시재생 사업의 경험뿐만 아니라, 도시경제구조 변화에 적극 대응하고 창조적 경제의 공간플랫폼을 구축하기 위한 도시경제기반형 도시재생 사업모델을 제시하였다.

도시재생 정책의 실시로 부산은 사회 여건이 변화하고 있는데, 먼저 도시공간 구조가 변화하고 있다. 1)서·동부산권의 개발로 신산업 유치, 관광단지 개발, 기반시설의 확충, 배후 주거지역의 개발 등에 따른 공간구조가 변화 2)경부고속철도의 개통, 부산신항 건설, 신공항 건설, 외곽순환도로, 동해남부선 복선화, 경전철로 국내외 각 지역으로부터 접근성 향상 3)도시 내부 도로망 확충, 도시철도 4호선 개통 등으로 만성적인 도시교통난이 완화될 전망 4)광역 교통망이 개선되고 있으나 여전히 신공항 문제는 장기 과제가 되고 있다. 둘째, 도시재생 정책에 대한 시민공감대가 형성되고 있다. 원도심 도시재생 사업 추진으로 도심공동화방지와 경사지 노후주거지의 새로운 도시재생 사업모델이 확산되고 있는 점, 또 대형 개발사업보다는 주민 삶의 질을 향상하고 생활 속에서 체감할 수 있는 정책이 기대된다. 셋째 도시재생 사업을 통해 인구감소의 가장 큰 요인인 청년층의 역외 유출을 방비할 수 있는 순기능을 마련한 점 등이다.[5]

4　역사문화유산과 원도심 재생 사업

부산은 개항 이후 약 150년 간 많은 변화를 겪었다. 그것은 부산시라는 공간뿐만 아니라, 부산에 살고 있는 사람들의 삶에도 많은 변화가 있었다는 말이다. 일제에 의한 식민도시로서 도시개발이 이루어졌고, 1945년 해방 이후 일본인들이 물러간 자리를 이어받아 새로운 도시개발을 시도할 틈도 없이 한국전쟁의 발발로 전

5　한승욱, 「전환기를 맞은 부산시 도시재생의 정책방향에 관한 제언」, 「BD포커스」, 제256호, 부산발전연구원, 2014.

부산 산중턱 주거지의 1971년/2014년 모습(출처: 국제신문)

국 각지에서 피난민들이 몰려왔다. 따라서 부산은 도시개발은커
녕, 한국전쟁 이전에 일본을 비롯한 세계 각지에서 귀환한 동포들
이 일부 거주하고 그 위에 전국의 피난민들이 몰려들면서 부산은
말 그대로 폭발할 지경에 이르러 도시정비조차도 쉽지 않은 형국
이었다. 수용할 수 없을 정도로 순식간에 불어난 인구는 결국 평
지가 많지 않던 부산의 산기슭에 이주자들이 거주지를 자발적으
로 만들 수밖에 없었고, 그것이 바로 현재 원도심 일대 산비탈에
형성된 마을들이다. 가장 인상적인 것이 일본인들의 무덤 터였던
아미동 비석마을이다. 무덤과 비석 자리 위에 집을 짓고 살 수밖
에 없었던 피난민들의 고단한 삶을 느낄 수 있다.

  이렇기 때문에 동북아 해역도시의 여타 도시들이 도시계획에
있어서 추진하고 있는 근대역사 문화유산에 대한 처리와 재생은
부산의 경우는 쉽지 않았다. 먼저 일제강점기 초량을 중심으로 해
서 형성된 근대건축물을 비롯한 시설 및 공간은 1960년대 근대화

부산 산복도로 모노레일(출처: 서울신문)

와 산업화의 진행에 따라 파괴되었다. 물론 1980년대 이후 부산학
의 제기 등 부산의 로컬리티를 발견하는 차원에서 그 흔적들을 찾
아내고 이를 이른바 근대역사박물관 등에 전시하고 있어서 당시
부산의 모습을 알 수는 있으나, 실물이나 위치했던 자리의 공간은
사라지고 없어서 장소성을 규명하는 일은 쉽지 않다. 아울러 원도
심 주변 특히 산비탈에 난개발식으로 형성된 집들은 더더욱 이러
한 역사문화의 흔적을 감추게 했다.

　그렇지만 이러한 역사 변천의 과정 속에서 부산은 자연스럽
게 다양한 유형의 역사문화 환경을 보유하게 되었다. 고대 문화재
인 동래패총과 복천동고분군, 그리고 동래읍성, 범어사, 금정산성,
동래부동헌, 다대포객사, 부산진지성, 망미루, 동래향교, 기장향교

등 전근대시대의 문화재는 물론, 영도다리, 임시수도정부청사, 임시수도관저, 백제병원, 남선전기, 동양척식주식회사 부산지점, 송정역, 정란각, 유엔기념공원, 부산기상대, 일신여학교, 가덕도등대, 제뢰등대, 디젤전기기관차 2001호, 부산 전차, 성지곡댐, 복병산배수지, 부산대 인문관 등 다양한 유형의 근대시대의 문화재들을 갖게 되었다. 부산타워, 자갈치건어물시장, 국제시장, 부평동깡통시장, 보수동책방골목, 동래역, 동해남부선 폐선구간, 영도조선소지원지대(일명 깡깡이길), 영도보세창고군, 남선창고터, 충무동공동어시장, 감천문화마을, 비석마을, 우암동소막사, 민주공원, 충혼탑, 산복도로 일대의 피란주거지, 55보급창, 40계단, 영선고갯길, 구포시장, 영도한진중공업조선소(도크), 북항 부두들(연안부두, 1부두, 2부두, 자성대부두 등), 오륙도등대, 낙동강하구둑 등 비(非)문화재이지만 다양한 근대 문화유산들이 부산 역사문화 환경의 기반을 이루고 있다.

　부산의 역사문화 환경들은 개항 이후 1970년대에 이르는 지난 백여 년 동안 대한민국의 근대사와 산업사의 다양한 흔적과 기억들을 담고 있다. 이에 내포된 변화가 피동적이었냐, 능동적이었냐 하는 논쟁과는 별개로 부산은 20세기 중·후반기에 이루었던 대한민국 발전의 기반을 제공한 점은 역사적인 사실이며, 특히 '부산항'과 '산복도로'를 중심으로 한 역사문화의 물증들은 부산만의 강력한 차별성을 보여준다. 부산항은 북항과 남항으로 구성되는데, 북항은 물류업을 중심으로 남항은 수산업과 조선업을 중심

깡깡이예술마을(출처: 영도구청)

으로 하는 항구로 발전했다. 이러한 산업들은 부산의 원(原)산업
이자 대한민국 산업사의 근저를 이루고 있다. 북항은 물류업 외에

도 6.25전쟁, 피란, 월남파병 등과 얽힌 다양한 근대사의 보고이기도 하다. 산복도로는 6개 구에 걸쳐진 약 35km에 이르는 도로로 정의되지만, 단순한 도로라기보다는 전쟁기와 재건기에 형성된 피란민들(현재 약 오십만 명)의 정주지를 의미한다.

이렇게 부산 역사문화 환경의 핵심적인 근원(체)는 '도시조직', '생활·산업유산', '문화경관' 등 세 가지 요소에 있고, 이에 근거하여 '일상의 삶 개선', '맥락 보존', '부산다움의 발굴'을 역사문화 환경과 관련된 부산 도시재생의 지향점으로 정립할 필요가 있다. 이와 함께 지향점 실천의 수단으로 '부산 근대성 보존재단의 설립'과 '부산유산 개념의 제도화'가 제기되고 있다.

5   항만재개발과 도시재생

바다와 항만을 가진 도시에서는 항만을 새롭게 개선하는 항만재개발과 리모델링이 새로운 화두로 등장하였다. 외국의 경우 1950년대부터 대규모 또는 부분적인 항만재개발 사업이 진행되었고, 아시아의 각국들도 항만에 대하여 재개발사업을 진행하고 있다. 부산항은 항만환경에 대한 변화와 재개발의 문제점을 개선하기 위하여 부산 북항의 기능을 신항으로 이전하고 북항지역을 새로운 도시공간으로 재개발을 추진 및 시행하고 있다. 부산 북항에 적절한 항만재개발 사업을 위한 방향 설정은 부산이 가지고 있는

북항재개발 현장(출처: 부산일보)

정체성에 대한 고민과 더불어 도시를 구성하는 시민(주민)들이 북
항재개발 사업에 대하여 어떻게 인지하고 있느냐에 대한 공동의
논의가 필요하다는 것이다.

그래서 도시개발 및 재생의 주체인 부산시민들의 북항재개발
사업에 대한 참여 방법과 주민참여를 통한 항만형 도시재생 사업
의 활성화 방안은 무엇인지에 대한 연구가 많이 진행되었다. 연구
들을 대체적으로 보면, 부산 북항재개발 사업을 외국의 항만재개
발 사업 사례를 중심으로 항만형 도시재생 사업에 대해 고찰하고
항만재개발 지역과 주변지역의 활성화 방안을 제안한 것이 많다.
외국의 항만재개발 사업 사례를 통해 부산 북항재개발 사업의 개
발방향과 콘셉트 및 항만 재개발사업의 시사점에 대해 고찰하고,
또 북항재개발 사업에 대한 주민참여 방법과 주민참여를 통한 도

시 마케팅 방안을 제안하였다.

항만재개발 사업은 고부가가치 공간으로의 전환이 가장 큰 목적이며, 친수성 레저활동 증가에 따른 공간 확보와 시민들을 위한 공간 등 오래된 항만지역을 새로운 공간으로의 변화를 요구하고 있다. 그리고 북항재개발 사업의 예상효과에 대한 분석 결과는 도시 이미지의 상승이 가장 큰 효과로 나타났고, 지역경제의 활성화와 지역의 인지도와 지명도의 상승 순으로 나타났다. 북항재개발 사업의 상징성에 의한 도시 홍보에도 기여할 것으로 예상하고 관광객도 증가할 것으로 예상하였다. 북항재개발 사업에 관한 주민참여 방안에 대한 분석결과는 주민의견을 수렴하는 방법들의 타당성에서 주민투표, 지방의회 총회에서 토론 및 의결, 지방의회 해당 상임위원회에서 토론 및 의결의 경우에는 의견이 중립되어 있는 것으로 나타났다. 여론조사, 공론조사, 시민자문위원회, 공청회, 인터넷 게시판/인터넷투표, 전문가위원회에 대해서는 타당성이 높은 것으로 나타났다. 시민들이 생각하는 의견수렴 필요단계에서 가장 많이 선택한 단계는 최종 대안을 선택하는 단계와 사업 시행결과를 분석하고 평가하는 과정으로 사업결과에 대한 평가를 통해 적절한 피드백을 제공하는 과정 단계에서 필요성이 가장 크게 나타났다. 북항재개발 사업에 관한 도시마케팅 활성화 방안에 대해서는 우리나라 최대의 항만도시 이미지 부각, 외국인 관광객을 위한 홍보가 후속적인 마케팅 방안으로서 가장 적절한 방법으로 나타났다. 민간단체와 연계하여 진행할 마케팅 전략

북항재개발 조감도(출처: 부산시)

에 관한 분석결과에서는 해양레포츠 단지의 조성, 자갈치 수산관
광단지의 조성, 지역 대학과 연계한 인적 자원 확보, 언론매체와
연계성 강화가 민간과 연계하여 실시할 수 있는 마케팅 전략으로
나타났다.

　이처럼 부산 북항재개발 사업의 경우를 중심으로 살펴본 결
과 우리나라에 적합한 항만형 도시재생 사업의 활성화 방안을 다
음과 같이 제안할 수 있다. 항만재개발 정책은 계획수립 및 사업
단계에서 다음과 같은 세 가지 핵심 비전을 실현하는 것을 목표로
하고 있다. 첫째, 노후 항만을 재개발한 친수공간(waterfront)은 사
회적 자산으로서 개인이나 다양한 그룹, 집단이 쉽게 접근하고 공
유할 수 있는 공간으로 전환하여야 한다. 둘째, 항만과 주변 지역

을 연계하여 해양지향적 교류의 장으로 재개발함으로써 항만과 도시의 지속가능하고 상생적인 발전이 가능하여야 한다. 셋째, 고용을 창출하고 부동산의 가치를 높이며 그 지역으로 새로운 비즈니스를 유인하고 관광자원화함으로써 지역경제가 새롭게 발전하는 데 기여하여야 할 것이다.[6]

서광덕

---

6 류동길, 『주민참여를 통한 항만형 도시재생사업의 활성화 방안: 부산 북항재개발사업을 중심으로』, 경산: 대구대학교, 박사학위논문, 2010.

'쇠퇴'의 도시에서
'회복'의 도시로

인천 도시 공간 재생의 지향성에 대하여

1 소멸로 가기 전의 대책: 재생(再生), 다시 살리기

모든 생명이 그렇듯 도시에도 생로병사(生老病死)가 있기 마
련이다. 한 생명이 태어나 늙고, 병들며 사라질 때까지를 생명의
한 주기로 봤을 때, 어떤 생명이든 어떤 단계에 도달한다는 것은
그 단계의 완성보다는 지속되는 과정에 더 가깝다. 물론 어느 순
간 그 상태를 되돌아볼 때, 확연히 과거와는 다른 상태를 실감하
기도 하지만, 그것을 돌아보는 자신도 그 시간의 흐름 속에서 지
금도 끊임없이 변하고 있고, 따라서 이는 안정된 상태로 나아가는
무한한 불안정의 과정이라 보는 것이 더 적합해 보인다. 물론 죽
음을 모든 생명의 작용이 끝난 절대적 안정의 상태로 볼 수도 있
겠지만, 그것을 인간이라고 하는 주체의 관점에서 벗어나서 본다
면 여전히 남아 있는 과정이 더 존재한다. 체내 모든 세포의 생명
활동이 멈추고, 자체 효소와 부패균에 의해 세포가 완전히 무너질

때까지 일정한 시간이 남아 있기 때문이다. 물론 현재의 과학기술 수준에서 보면 생명을 완전히 회복[1]시킬 수 있는 기술이 여전히 초보적 상태를 벗어나지 못하고 있고, 그것이 발전하여 만약 사람의 몸을 구성하는 수많은 죽은 세포를 되살릴 수 있는 기술이 나온다면 아마 죽음의 정의도 완전히 뒤바뀔 수 있을 것이다. 그럼에도 불구하고 여전히 우리에게 죽은 생명을 완전히 되돌릴 방법과 기술은 갈 길이 길게 남았으니, 소멸의 단계로 넘어가기 전 뭔가 대책을 마련하는 것이 마땅한 이치이다.

그렇다면 지금 우리가 이야기하는 도시재생 가운데 가장 관건이 되는 개념은 바로 "재생(再生)", 즉 "다시 살리기"는 무엇을 말하는가가 된다. 지금까지 생명 과학 분야에서 생명에 대한 재생 기술은 성숙도 측면에서 여전히 초보 단계에 머물러 있으며, 부분적으로 피부 같은 일부 기관에서 생명력을 재활성화하거나 기관을 복제 혹은 대체하여 생명을 연장하는 기술을 활용하는 정도이다. 그렇다면 재생과 관련한 생각을 일상의 작은 일로부터 되짚어 보는 것도 흥미롭겠다. 남성의 경우, 아침에 면도하다가 우연히 상처가 나 피를 흘렸던 경험들이 종종 있을 것이다. 우리가 상

---

1   '회복(Resilience)'의 문제는 최근 생명 과학 분야뿐만 아니라 공학, 사회과학 일반에서도 중시되는 개념이다. 시스템이 변화와 교란을 겪으면서도 기존에 갖고 있는 기능, 구조 및 피드백이 동일한 체제하에 지속될 수 있도록 하는 능력을 말한다. 원래의 상태로 회복(Bounce Back)하는 수준을 넘어 위기 이전보다 더 전진(Bounce Forward)하여 강한 경쟁력을 갖게 된다는 역동적인 의미를 포함한다.(「리질리언스(Resilience), 기업의 미래를 결정하는 유전자」, 『KPMG』, 2016.5.18)

처를 입어 피가 나는 것은 피부 가장 바깥층인 진피층이 다쳐 일어나는 현상이다. 진피층에는 무수히 많은 혈관이 모여 있고, 그래서 상처가 나면 주변 혈관이 부풀어 오르면서 백혈구의 면역세포가 달려와 세균과 이물질을 제거하려는 우리 몸의 방어기제가 작용하게 된다. 그 과정을 상세히 보면, 상처를 입었을 때 상처 주변의 혈관은 지혈을 위해 수축하고, 혈액 속 혈소판은 혈액을 응고시키며, 몸의 면역체계는 침투한 세균과 전투를 벌인다. 그리고 이런 피부 자체의 응급 작용이 일정 부분 마무리되면 그때부터 피부세포는 증식 작용을 통해 다시 새살을 돋게 하고, 시간이 지나면서 이 새살은 성숙한다. 이런 피부 재생의 과정을 요약하면, '지혈-염증 투쟁-증식-성숙', 네 개의 단계로 나눌 수 있다.[2] 한 단계, 한 단계가 과연 생명의 회복력이 어떻게 만들어지고 작용하는지를 보여주는, 연속의 과정이라 할 수 있다.

2 도시 인천의 역사 속 '쇠퇴'의 경험: 고려에서 조선으로

피부의 재생이라는 이 같은 과정을 도시의 흥망성쇠라는 틀로 확장해서 사유해 보자. 그리고 인천이라는 도시의 역사에 대해 한번 주목해보자. 앞에서 언급했듯이, 한 도시도 생로병사의 과정

---

2   https://brunch.co.kr/@9285a9f6ec36496/15(「피부재생의 미래」, 한범덕)

을 거쳐 죽음에 이르는 경우가 허다한데, 지난 수많은 시간을 거슬러 시대에 맞게 도시의 생명력을 다시 불어넣는 일은 우리 삶의 조건을 최적화하여 우리 생명의 연장을 꿈꾸는 일과 큰 맥락에서 일치한다. 인천이라는 도시의 시작을 이야기할 때, 강화도의 구석기로부터 신석기와 청동기를 사용하던 시절 '미추홀(彌鄒忽)'을 건설하도록 한 일로 거슬러 올라갈 때가 많다. 그리고 고려 때는 '인주(仁州)'로 격상되면서 개성 다음으로 번화했던 지역으로 기록되어 있다. 그러나 조선에 들어서는 고려와는 달리 "유교지치주의(儒敎至治主義)를 내걸고 대내적으로 자급자족적인 토지 경제와 유교적인 교화에 힘쓰고, 대외적으로 명나라와 같이 해금책(海禁策), 곧 해양 봉쇄 정책을 펼친다. 따라서 황해의 해상교통이 전면 금지되었음은 물론, 내·외국인의 왕래가 극도로 규제되었고, 귀화하지 않은 외국인들은 모두 추방되었다. 사신의 왕래와 대외무역으로 번성하였던 인천지역 사회도 자연 그 기능을 상실하면서 평범한 농·어촌으로 변모하지 않을 수 없었다. 그리고 이러한 속에서 고려 왕실의 잔재 청산과 중앙집권의 강화에 맞물려 경원부는 인천군(仁川郡:1413)으로 강등·축소되고, 강화·부평 등도 군사적 의미만을 지니는 일개 도호부(都護府)로 하락되고 말았다." 인주가 인천이라는 현재의 이름으로 바뀐 배경 또한 "경원부의 지난날 이름인 인주(仁州)에서 군·현의 이름 가운데 주(州)자를 띤 것을 모두 산(山)이나 천(川)으로 고치는 행정구역 개편 원칙에 따라 '인(仁)' 자와, '천(川)' 자가 합해져서 '인천(仁川)'이라는 행정구역명이

비로소 나오게 되었다. 이후 200여 년 동안 인천 지역사회는 자급 자족적인 한적한 농·어촌사회로 존속"하게 된다.[3]

이처럼 인주에서 인천이 된 배경에는 고려에서 조선으로 권력이 넘어가는 과정에서 도시의 위상이 재조정되고 또한 급격한 쇠락을 맞이했기 때문이다. 이전 고려 때 인천은 김포나 강화를 포함해, 지역적으로 몽고에 대한 항전에 중요한 역할을 담당했을 뿐만 아니라 황해권이 해상무역으로 경제적 번영을 누리면서 도시도 함께 번영했다. 또 권문세족 가운데 인주 이씨가 왕실과 혼인하여 막강한 세력으로 부상하는 등 성장 가도를 달렸지만, 조선은 그러한 인천의 위상을 유교라는 지배 이념 아래 통제하면서 격하시켰다. 고려와 조선에서 완전히 다른 인천의 위상을 통해 보면, 전근대 시기 도시는 국가의 지도 이념이나 지배 세력의 배경이 그 도시의 위상에 절대적인 영향을 미치고 있다는 것을 알 수 있다. 지배 세력의 이념이 도시 공간 속에 철저히 관철되는 사례를 왕궁의 동심원 구조가 그대로 수도라는 한양의 공간 배치에 투영되는 것에서 찾아볼 수 있듯이, 그 반대로 인천이라는 해안 도시는 그러한 지배 이념의 가장 외곽에 처한, 불리한 조건을 가지고 있었다. 말하자면 고려 때 부유했던 인천의 경제권과 정치적 영향력은 조선의 지배 이념 속에서 배제와 견제의 대상이 되면서, 도시의 위상이 급격히 조정된 경우라 볼 수 있다. 이 같은 경우는 결국 전근

---

3   인천광역시 홈페이지(인천역사-시대별역사-조선시대)

대 시대의 도시들도 탄생과 성장, 그리고 쇠락이라는 생명 주기 위에 놓여 작동하면서, 그 위상은 역사 속에서 끊임없이 변화하고 있다는 사실을 다시 한 번 보여준다.

3   부활의 역사: 역사 속 인천항의 부침, 그리고 재생

이렇게 조선 시대에 소외되었던 인천의 위상은 다시 19세기 서구 제국들이 통상을 요구하면서 역사의 전면에 다시 등장한다. 17세기 말까지 강화를 중심으로 인천이 거대한 육·해군의 기지로 변모하고 왕실의 보장처로 입지를 갖게 되었지만, 19세기에 이르러는 그러한 왕실에 대한 수호 기능보다는 서양 세력의 진입을 저지하거나 막는 최전방의 방어시설로 다시 태어난다. 왜냐하면 서양 세력이 서해안으로 진출하면 곧바로 한양이 뚫리는, 지형적으로 "인후지지(咽喉之地)"에 해당하는 지형과 위상을 가지고 있었기 때문이다. 따라서 조선의 해금책과 서양 세력의 충돌은 자연스럽게 인천을 중심으로 발생할 수밖에 없었고, 이른바 병인양요(丙寅洋擾:1866)와 신미양요(辛未洋擾:1871) 시기 인천은 몽골 침입 이후 500여 년 만에 다시 한 번 한반도 수호의 성지가 된다. 그리고 이후 조선 정부는 쇄국정책을 유지·강화하지만, 끝내 조·일 수호조규(朝日修好修規: 강화도조약)에 응하면서, 다른 제국들과의 수교도 이어진다. 이때 인천해관(海關: 1883)과 인천감리서(監理署:

한미수교 100주년 탑(출처: 인천시 중구 사이트)

1883)가 설치되고, 각국 영사관과 전관조계(專管租界: 일본 1883, 중
국 1884) 및 공동조계(共同租界: 1884)도 획정되면서, 개방의 공간으
로서의 정체성을 갑자기 부여받게 되었고, 인천은 지금도 그와 관
련한 많은 역사적 흔적들을 품고 있는 도시이다. 현재 인천이 가
지고 있는 국제도시의 콘셉트는 외국과의 접촉과 충돌 속에서 조
선 왕실을 지키고 국가의 안위를 배타적으로 수호해야 한다는 지
역적 소명으로부터 오히려 역설적으로 만들어지기 시작했다고 볼

수 있다.

개항 직후 제물포는 작은 항
구도시 혹은 상업도시에서 거대
한 중공업 단지와 농업 단지를
배경으로 하는 거대 항만도시로
변모하기 시작하는데, 이는 일본
의 식민지 경영에 있어서 공단과
거주지의 역할은 물론 식량 공
급지로서 위상을 부여받기 때문
이다. 그리고 이후 국방의 이슈
와 함께 인천이 역사의 전면에
다시 등장했던 것은 한국전쟁이

맥아더 동상
(출처: ozoutback)

다. 1950년 6월 25일 발발한 한국전쟁은 인천지역 사회에 다시금
큰 격랑을 불러왔다. 인명피해는 물론 공장과 사회 기반시설이 대
부분 파괴되어 인천의 경제 기반도 한순간에 무너졌다. 1950년 8
월 말까지 무서운 기세로 공격을 지속하던 조선인민군은 병력 손
실과 식량, 무기, 장비 등의 물자가 부족해지면서 공세를 유지하
기 힘들게 되자, 이 상황을 타개하기 위해 9월 총공세를 준비한다.
9월 1일 조선인민군은 최전방인 낙동강에서 대공세를 펼쳤다. 이
공세의 목적은 마지막으로 남은 낙동강 방어선을 돌파하는 것이
었다. 그런데, 이런 상황이 한창 진행되던 1950년 9월 13일, 북한
군이 남한 대부분을 차지한 상황에서 유엔군 사령관 더글러스 맥

아더의 명령으로 인천상륙작전이 개시된다. 이 작전은 인천을 통해 상륙작전을 벌여 북한군의 보급로를 끊고 전세를 역전하는 계기를 마련하기 위한 것이었다. 7만 5천여 명의 병력과 261척의 해군 함정이 투입되었고, 유엔군은 인천이 수복된 후 13일 동안 서울로 진격하여 수도를 탈환하는 전기를 마련한다.[4]

지금까지 역사를 통해 살펴본 인천항만의 부침을 개괄해 보자. 고려 말까지 벽란도를 포함한 황해 경제권의 발달로 인해, 그리고 인주 이씨 등 권문세족의 배후로서 번영을 구가하던 인천항은 조선의 등장으로 상대적으로 견제를 받는 지역이 되었다. 또 명나라가 실시하던 해금책이 조선에서도 실시됨으로써 바다로 획득할 수 있는 많은 기회들이 상실되어 쇠락을 걷게 된다. 그러나 이런 쇠락 속에서도 인천이 다시 역사의 전면에 등장할 수 있었던 것은 조선말 미국이나 프랑스 등 구미 제국과의 대결은 물론 한국전쟁 다시 인천상륙작전 등에 의해서이다. 근대 시기 이래 인천의 중요성이 다시 부각된 것에는 인천이 가지고 있는 서울과의 연결성이라는 지정학적 위상, 즉 군사적 측면의 역할에서 기인한다. 제국과의 전쟁에서 만약 인천이 함락되면 한양으로의 침략이 그들에게 매우 손쉬웠을 것을 인천이 막아냈으며, 한국전쟁에서는 유엔군이 인천을 다시 장악함으로써 서울을 되찾는 발판을 만들었다는 점에서 모두 인천이 가지고 있는, 서울과 뗄 수 없는 지정

---

4   위키피디아(인천상륙작전)

학·지경학적 위상을 확인할 수 있다. 구미 제국과의 대결에서 인천은 서울을 방어하는 방패 역할을 했다면, 한국전쟁에서는 서울을 수복하고자 하는 의지의 초점이 모여진 곳이었다. 비록 그간 수백 년 동안 정치적으로 혹은 경제적으로 홀대를 받았다 할지라도, 외부의 침략으로부터 한반도의 가장 핵심지역을 방어하거나 수복하는 출발점으로서의 위상은 상대적으로 세계를 인식하고 그에 대한 지식을 축적하는 데 유리한 위상이기도 했다. 결국 도시의 번영과 쇠락, 그로부터의 부활에는 그 도시가 가지고 있는 자연적이거나 절대적 조건들도 중요하지만, 그 주변 공간과의 관계성 속에서 상대적으로 재규정되는 측면도 적지 않다.

4 인천 구도심 쇠락의 원인

인천 지역의 역사 개괄을 통해, 현재의 인천 도시재생 이야기로 되돌아가 보자. 먼저 현재 도시재생의 개념을 살펴보고, 인천이 도시재생을 필요로 하게 된 배경이 무엇이며, 그 방향성 또한 어떻게 설정되어 있는지를 살피고자 한다. 도시재생은 "쇠퇴한 도시를 시민들의 생활편익과 삶의 질 개선을 위하여 도시가 갖고 있는 긍정적인 기능을 살려나가는 행위" 즉, "낙후된 도시공간의 기능을 개선하고 활성화시키기 위해 민간 및 공공기관의 계획된 목적으로 도시 기능을 조정, 변화하기 위한 사업 일체[5]로 정의된다. 국토교통부는 도시 생애를 도시집중, 도시분산, 도시쇠퇴, 도시회귀의 4단계로 구분하고 도시쇠퇴 지역은 국가균형발전법 제2조에서 '생활환경이 열악하고 개발수준이 현저하게 저조한 지역'으로 규정하면서, 법률상 오지, 도서, 접경지역, 개발촉진지구, 신활력지역 등으로 유형화하고 있다.[6]

그렇다면 이런 도시재생의 정의가 적용되는 지역은 어떻게 만들어지는가를 생각해 보자. 우선 찾을 수 있는 일반적 요인들은 첫 번째가 자연·생태학적 요인의 작용으로 도시쇠퇴가 발생하는 것인데, 그 가운데 가장 중요한 요인으로 인구이동을 중심으로 교통기술이 발달함에 따라 주거 선택지가 직주근접보다는 환경을 우선하게 되면서이다. 그리고 두 번째는 사회·경제적 요인으로 도시 산업구조와 도시 경제 수준, 기반시설의 낙후·노후화에 의해서도 발생한다. 도심의 인구 및 고용의 감소와 함께 물리적 환경이 악화되고, 사회적 제 조건들이 빈곤화되는 현상이 집중적으로 나타난다. 마지막으로, 문화·역사적 요인으로, 도시의 정체성, 역사성, 창조성 결핍으로 인해 도시 경쟁력이 상실하여 초래되기도 한다. 도시 성장과 함께 시민들의 다양한 욕구 즉, 놀이와 휴식, 전시회, 박람회, 영화, 연극, 스포츠 행사 등 다양한 이벤트에 맞춰

---

5   박순희, 「인천광역시 도시재생사업을 위한 도시 어메니티 지표의 중요도 연구」, 인하대학교 대학원 도시계획과(도시계획전공) 박사학위 논문, 2013년 8월, 7쪽.

6   위의 글, 8~9쪽.

인천 구도심 전경(출처: 중부일보)

진 선택 기회가 도시공간에서 제공되어야 하는데, 이에 대한 요구
에 부응하지 못하게 되면서 도시는 지역에 대한 자긍심, 정체성이
상실되어 도시 성장을 기대할 수 없게 된다고 본다.[7]

　쇠퇴하는 도시들에서 발생하는 주요한 사회 형태 변화의 유
형들을 OECD에서 정의한 사례를 보면, 인구의 측면에서는 불안
정성이 증가하여 전출입 비율이 증가하고, 편부모의 비율이 높아
진다고 한다. 교육에서는 자격증 보유의 비율이 낮으며, 결석률이
증가하고, 청년 실업이나 장기 미고용 상태가 지속되는 경향이 있
다고 한다. 이에 따라 빈곤율도 증가하는데, 이는 특히 유소년 빈

7　앞의 글, 14~15쪽.

곤충에게 더욱 취약하다는 것이다. 이를 가정의 차원으로 종합해 보면, 최저 생계 가정의 비율이 높아지고, 이들의 소득 또한 낮으며, 자가용 보유율이 저하되는 특징을 보인다는 것이다. 보건의 측면에서 높은 사망률과 장애율이 나타나며, 결핵 및 예방 가능한 질병들의 발생 비율이 증가하여 공동체가 파괴된다고 한다. 결과 적으로 이런 사회는 성, 인종, 연령 그룹 간, 혹은 가족 간 지원시스템이 빈약해 범죄율 및 마약 사용 빈도가 증가해 시민 불안감이 증가하는 경향을 보이는 것으로 파악된다.[8]

앞에서 과거 인천의 역사를 통해 이야기한 바와 같이, 봉건시대 도시 발전과 쇠퇴의 주요 원인은 그 도시가 중앙과 맺는 지정학적 혹은 지경학적 위상과 밀접하게 연결되어 있다. 이러한 요인은 여전히 현재 도시의 생명에 있어서도 중요하게 작용하는 것이 사실이지만, 지금의 도시들은 이전과는 달리 자신의 생태계를 끊임없이 형성하고 그 내부에서 그 내부에서 완결성을 향해 나아가려고 노력하고 있다. 그만큼 도시 생태계의 자족성은 시간이 갈수록 도시 생명의 중요한 요소가 되고 있다. 게다가 현재의 도시 공간은 그 거대함에 비해 자본이나 행정권 등 다양한 힘의 요소들에 의해 새로운 직조(texture spatiale, 織造) 속에 편입되는 경향이 증가한다. 물론 이 같은 힘은 주로 새롭게 건설된 신도시나 기존 중심권에서 더욱 철저하게 관철되며, 그 위계의 정점을 확인하고

---

8 앞의 글, 16쪽.

동심원을 그리며 주변부로 퍼져가는 속성을 지녔기 때문에, 활력을 잃은 주변부는 이렇게 직조하는 힘의 밖으로 밀려날 수밖에 없는 것이다. 구도심의 입장에서 자신은 움직인 바가 없고 계속 중심에 존재했지만, 상대적인 이동을 통해 주변화 당하는 상황이 발생한다. 도시는 이 같은 공간적 직조 사이사이에 발생하는 틈새에 의해 구조적 상처를 입게 되고, 서서히 자신의 완결성을 상실해 간다.

5 인천의 도시 공간성, 재생을 위해 무엇을 손에 쥐고 무엇을 내려놓을 것인가?

산업화 과정에서 인천은 박정희 정부가 1960년대 경제 개발 5개년 계획을 수립한 이래, 1970년대 중화학 공업 육성 정책을 통해 한국 경제의 고도화를 꾀할 단계에 이에 부응하여 철강, 석유화학, 기계 제조 등의 중화학 공업 지대로 변모한다. 이 시기에 제철소, 조선소, 자동차 공장 등 대형 산업 시설이 설치되었고, 경인고속도로와 경인 철도 등 서울과 수도권들을 잇는 교통망이 확장됨으로써 산업도시로서의 기반을 갖추게 된다. 1980년대 경인공업지대가 한국 경제의 축이 되면서, 수도권 내에서 인구 증가와 함께 부천, 시흥, 안산 등 지역으로 공업지대가 확장되고, 전자산업과 기계공업, 섬유산업 등이 발전하는 출발점이 된다. 바로 경인공

산업화 도시 이미지(출처: 국가환경교육 블로그)

업지대의 활력으로 한국의 수도권 경제가 살아나게 되었고, 산업
화 시대 인천은 박정희의 '공업 입국'이라는 가치를 구현하는 실
험의 장이기도 했다. 그러다가 2000년대 이후 국내 산업 영역에서
탈산업화 및 첨단산업으로의 구조적 전환이 발생하는 과정에서
인천은 이전과 같은 위상을 잃게 되었고, 그런 상황 변화에 따른
산업 조정을 피할 수 없게 되었다. 여기서 도시로서는 자신의 손
에서 무엇을 내려놓고, 또 무엇을 쥐어야 할 것인가를 선택할 수
밖에 없는 상황이 된 것이다.

인천 원도심은 최근까지 도시의 성장과 확대에 따라 도심 기
능을 분산하여 외곽으로 재배치하는 작업을 꾸준히 진행했다. 이
과정에서 1982년 인천시교육청, 1985년 인천시청, 2002년 인천지

방경찰청, 2003년 인천우체국, 2005년 해양경찰청 등을 원도심으로부터 남동구나 연수구와 같은 신생 확장 자치구로 이전한다. 물론, 인구 집중과 도시 확장의 필요성이 대두되면서, 원도심의 기능을 외곽으로 이전 분산하는 방식은 이전에도 흔히 볼 수 있는 방식이기도 했고, 도시가 새로운 시계(市界)를 확장하는 주요 방식이기도 했다. 서울의 경우 강남지역을 개발할 때 먼저 명문 교육 기관을 강남으로 이전한 사실에서도 그 사례를 찾아볼 수 있다. 그런데 문제는 인천 중구와 같은 원도심에 남게 되는 주거지는 생활 기반이 무너질 뿐만 아니라, 인구의 유출까지 감수해야 하는 상황이 되면서 급속한 쇠락을 맞게 되었다는 점이다. 물론 성장을 위한 것이기는 하지만, 도심 기능의 이전은 원도심의 입장에서 먼저 상처를 입고도 그대로 방치되는 사례가 되었다. 그리고 이러한 기능의 이전으로 인해 인구가 유출된다는 사실은 이미 증명된 사실이다. 두 번째 원도심으로부터 인구의 대량 유출의 원인은 바로 대규모의 신도시 개발이다. 1980년대에는 가좌·만수·부평·계양·구월·연수지구가 원도심과 대비되어 새롭게 개발되었고, 1990년대에는 삼산·논현·계산·마전·당하지구의 신도시, 2000년대 들어서는 인천 경제자유구역 내 송도·청라·영종지구가 만들어졌다. 이렇게 새롭게 개발된 인천 주변의 신도시 개발지구들은 기존 원도심 주민들의 새로운 도시 환경에 대한 거주 욕구를 만족시켜주는 반면, 원도심 공간으로부터 많은 거주민들을 빠르게 흡수하여 시의 범위를 확장하는 기능을 하게 되었다. 이를 계기로 시의 규모는 상대적으로 빠르게 성장하였지만, 이 때문에 오히려 원도심은 반복적으로 공백이 되는 악순환을 겪었다. 마지막으로 인천은 신규 항만 건설로 인해 내항 기능이 이전 혹은 축소되면서, 인구 유출의 또 다른 위기를 맞게 된다. 2001년에는 남항 건설을 통해 시멘트, 컨테이너, 석탄의 물류 기지를 옮겼고, 2006년에는 북항을 건설해 유류, 목재, 철재, 잡화 품목들을 다루는 항구가 이동했으며, 2009년 신항 건설을 통해 컨테이너 부두가 새로 건설됨과 동시에 2017년에는 인천 경제자유구역인 송도에 국제여객터미널을 개항한 것들이 그러한 사례들이다. 인천의 경우, 도시가 성장함에 따라 자연스럽게 비좁게 몰려 있던 도시의 기능이나 항만 시설들이 더 활용도가 높은 공간으로 이전하는 것은 자연스러운 현상이다. 그러나 대량 인구의 이동을 유발하는 대규모 건설 정책은 그것이 가져오는 부정적인 측면까지 면밀하게 따지면서 실행해야 하는데, 이 과정에서 기존 시는 지나치게 건설을 통해 얻어지는 환경의 개선에만 몰두했던 것은 아닌지 의구심이 든다.

이처럼 도시라는 공간에 발생하는 상처들은 다양한 원인에서 기인하겠지만, 지난 현대 역사를 되돌아볼 때 가장 큰 원인은 인구의 이동이었다. 그런데 사실 인구 인동의 원인이 평면적으로 해석되는 것은 매우 위험하다. 그 원인이 도시 환경 조건의 악화에 따른 부정적인 인구 유출도 있지만, 반면 더 좋은 도시 환경에 대한 공간 욕구를 채워줄 수 있는 도시 개발도 동일한 인구 유출을 급속히 촉진하기 때문이다. 이렇게 공백이 되는 과거의 공간을 어

챗gpt가 생성한 인천 이미지

떻게 메워서 다시 시민들에게 의미화하여 돌려줄 것인가가 바로
정책을 펼치는 이들의 앞으로의 과제가 될 것이다. 이는 상처를 입
은 도시 공간에 대한 전반적인 치유의 과정이 될 것이며, 현재까지
의 도시 이미지를 일신해서 미래와 연결하는 작업임과 동시에, 도
시 발전의 비전과 다양한 정책 실천의 방향성을 설정하는 것이기

도 하다. 현재 인천시의 도시재생 기본구상은 크게 삶터 재생, 일터 재생, 쉼터 재생, 공동체 재생이라는 네 기본 방향 속에서,[9] 항만, 산업단지, 주거지, 역사·문화시설 등 다양한 지역 특성을 진단하여 지역에 부합한 도시재생을 추진하기 위해 인천도시재생의 유형을 경제적 산업공간, 창조적 문화공간, 균형적 생활공간으로 구분·진행하고 있다. 그리고 이를 복합적이고 통합적으로 연계하기 위해, '장소중심적 통합재생'이라는 목표 속에서 각 지역의 다양한 재생 연결고리들을 서로 잇는 작업에 공을 들이고 있다.

도시재생의 의미는 그 진행에 따라 기존 도시의 이미지와 비전을 업그레이드하여 시민들로부터 공인을 받는 계기가 되어야 한다. 동시에 단순히 공간을 재구성하는 것에 머물지 않기 위해서는 그 공간과 성원에 부합하는 경제적 수요와 함께 공간 의미와 정체성이 구축되어야 한다. 이것이 완성될 때가 되면, 도시로부터 유출되던 인구의 흐름은 완전히 역전될 것이며, 새로운 도시적 상상은 구성원 사이에서 공유될 것이다. 국가주의 경제 개발 과정에서 인천을 공간적으로 수단화하고 착취하면서 고착되었던 퇴행적 이미지들, 예를 들면 '짠물도시', '산업도시', '회색도시', '위성도시', '냉전도시'로 호명되었던 도시 상상을 '생태와 환경도시', '혼종성과 창조성의 도시', '산업재구조화의 중심 및 초국적 배후지이자, 글로벌 허브 도시'로 재구축하는 것은 단순히 도시의 이미지

---

9   2025년 인천도시재생전략계획(변경)안.

만을 표면적으로 바꾸는 것에 궁극적인 목표가 있는 것이 아니다. 인천이라는 도시 공간의 성격을 혼종화하고 탈경계적으로 바꾸면서, 구성원들이 도시 공간의 기억을 복원하여 자신들의 정체성과 나눌 수 있도록 하는 출발점이 되어야 한다. 그렇게 될 때, 인천은 비로소 새로운 '도시'이자, '장소'[10]로서의 새로운 생명을 얻게 될 것이다.

이보고

---

10 "경험의 측면에서 공간의 의미는 종종 장소의 의미와 합쳐지기도 합니다. 공간은 장소보다 추상적입니다. 처음에는 별 특징이 없던 공간은 우리가 그곳을 더 잘 알게 되고 그곳에 가치를 부여하면서 장소가 됩니다. 건축가들은 장소의 공간적 속성에 대해 말합니다. 물론 그들은 공간의 입지적(장소적) 특성에 대해서도 그만큼 말할 수 있습니다. 공간과 장소의 개념은 각각의 의미를 규정하기 위해 서로를 필요로 합니다. 우리는 장소의 안전과 안정을 통해 공간의 개방성과 자유, 위협을 인식하며 그 반대의 경우도 마찬가지입니다. 더욱이 우리가 공간을 '움직임(movement)'이 허용되는 곳으로 생각한다면, 장소는 '정지(pause)'가 일어나는 곳이 됩니다. 움직임 중에 정지가 일어난다면 그 위치는 바로 장소로 바뀔 수 있는 것입니다." 이-푸 투안 지음, 윤영호·김미선 옮김, 『공간과 장소』, 서울: 사이, 2020년, 19쪽.

2장

일본 해역도시의
도시재생

지진 재난 극복과 도시재생의 공존

고베항 친수공간 재개발 사례

1 들어가며

1995년 1월 17일, 일본 고베 지역을 강타한 대지진은 막대한 인명 및 재산 피해를 초래하며 도시 기능을 마비시켰다. 특히, 고베항은 항만 시설 파괴와 물류 기능 마비로 심각한 경제적 타격을 입었다. 그러나 고베시는 이러한 재난 상황을 도시 재건 및 활성화의 기회로 삼아 적극적인 도시재생 사업을 추진하였다. 파괴된 항만 시설을 재건하는 데 그치지 않고, 시민들의 삶의 질 향상과 지역 경제 활성화를 목표로 친수공간 재개발에 주력했다. 그 결과 메리켄 파크는 지진의 상흔을 기억하고 교훈을 되새기는 지진 기념공원으로 탈바꿈했고, 하버랜드는 쇼핑과 문화, 레저를 즐길 수 있는 복합 공간으로 재탄생했다.

최근 도시들은 삶의 질 향상과 도시 경쟁력 강화를 위해 친수공간 재개발에 주목하고 있다. 고베항 사례는 이러한 세계적인 흐름 속에서 선도적인 역할을 하였으며, 다른 도시들의 친수공간 재개발 사업에 중요한 참고 모델을 제공한다. 재난은 도시에 막대한 피해를 입히고 도시 기능을 마비시키는 파괴적인 사건이다. 그러나 재난은 동시에 도시를 재건하고 발전시키는 기회를 제공하기도 한다. 재난 극복 과정에서 도시는 물리적 환경뿐만 아니라 사회, 경제, 문화적 측면에서도 변화를 겪으며, 이러한 변화는 도시재생의 중요한 동력이 될 수 있다. 특히, 친수공간 재개발은 도시 내 하천, 호수, 항만 등 수변 공간을 시민들이 즐겨 찾는 매력적인 공간으로 재탄생시키는 도시재생 전략이다. 과거 산업화 시대에는 수변 공간이 주로 산업 용도로 활용되었지만, 현대 사회에서는 삶의 질 향상과 도시 경쟁력 강화를 위해 친수공간의 중요성이 부각되고 있다.

2 고베항 지진 피해 및 재개발 과정

1) 고베 대지진 개요 및 피해 상황

1995년 1월 17일 오전 5시 46분, 일본 효고현 고베시와 아와지섬을 중심으로 발생한 규모 7.3의 강력한 지진은 일본 사회에 깊은 상흔을 남겼다. '한신 · 아와지 대지진' 또는 '고베 대지진'(이 글에서는 '고베 대지진'으로 칭함) 불리는 이 지진은 진원 깊이가 16km로 얕았고, 도심 바로 아래에서 발생하여 피해가 더욱 심각했다. 공식 집계된 사망자 수는 6,434명, 부상자는 43,792명에 달했다. 지진 발생 시간이 이른 새벽이었기 때문에 많은 시민들이 집안에서 참변을 당했으며 화재로 인한 추가 피해도 상당했다. 재산 피해를 보면, 가옥 전 파손 104,906채, 반 파손 144,274채를 비롯하여 20만 동 이상의 건물이 붕괴되는 등 막대한 재산 피해가 발생했다. 총 피해액은 약 100조 엔으로 추산되며 이는 일본 경제에 큰 타격을 입혔다. 도로, 철도, 교량, 항만, 통신 시설 등 사회 기반시설이 대규모로 파괴되어 도시 기능이 마비되었고 한신 고속도로 일부 구간이 붕괴되는 등 교통망이 심각하게 손상되어 구조 및 복구 작업에 어려움을 겪었다.

일본의 주요 무역항이자 산업 중심지였던 고베항은 심각한 피해를 입었다. 컨테이너 터미널, 부두, 크레인 등 항만 시설이 대규모로 파괴되어 침하되었다. 컨테이너 터미널의 붕괴는 수출입 물류에 큰 차질을 초래했는데 이는 고베항을 통해 이루어지던 국제무역에 심각한 영향을 미쳤다. 고베항 주변에 위치한 공장 및 산업 시설이 파괴되어 생산 활동이 중단되었는가 하면 지진으로 인해 유류 저장 탱크가 파손되어 기름이 유출되고 화학 물질 저장시설이 파괴되어 유해 물질이 누출되는 등 심각한 환경오염 문제가 발생했다.

2) 고베항 부흥 재개발 계획 수립 및 추진 과정

고베 대지진 이후, 고베항은 원상복귀 및 도시의 미래를 위한 전략적인 재개발 계획을 수립하고 추진했다. 이 과정은 고베시를 중심으로 민관 협력, 시민 등이 장기적인 비전을 바탕으로 이루어졌다.

먼저, 재개발 기본 방향 설정(1995년~1996년)이다. 고베시는 지진 피해 복구 과정에서 항만 기능 회복은 물론 시민 삶의 질 향상, 도시 경쟁력 강화, 매력적인 도시 환경 조성 등 다양한 목표를 설정하고, 항만 도시의 특성을 살려 친수공간 중심의 도시 재개발을 추진했다. 특히, 시민들의 의견을 적극적으로 수렴하기 위해 '고베 시민 심포지엄', '고베항 재개발 시민 회의' 등을 개최하여 시민 참여를 유도하고 공감대를 형성하는 데 힘썼다.

두 번째는 고베항 부흥 계획 수립(1996년~1997년)이다. 고베시는 고베항의 장기적인 발전을 위해 친수공간 개발, 항만 기능 강화, 도시 경관 개선, 방재 기능 강화 등 4가지 기본 목표를 설정하고, 이를 달성하기 위한 10년 계획을 수립했다. 이 계획에는 메리켄 파크 조성, 하버랜드 개발, 고베 포트 타워 건설, 고베 해양 박물관 개관 등 다양한 사업들이 포함되었다. 1996년 11월부터 1997년 2월까지 총 5차례에 걸쳐 시민 심포지엄을 개최하여 시민들의 의견을 수렴하고 공감대를 형성하는 과정을 거쳤다. 시민 심포지엄에서는 전문가 발표, 시민 토론, 의견 수렴 등 다양한 프로그램을 통해 시민 참여를 확대하고 시민들의 의견을 계획에 반영하기 위한 노력을 기울였다.

세 번째는 재개발 사업 추진(1997년~현재)이다. 고베시는 1995

년 대지진 이후 지진 피해 현장을 기념하고 시민들의 휴식 공간을 조성하기 위해 고베항 지진 메모리얼 파크를 조성(1997년~2000년) 하여 지진의 귀중한 기록을 보존하고 있다. 이와 동시에 쇼핑, 문화, 레저 시설을 갖춘 복합 공간인 하버랜드를 개발(1998년~2006년)하여 쇼핑, 문화, 레저 시설을 갖춘 복합 공간으로 관광 명소화를 추진했다. 또한 뉴 시포트 지역으로 고베항 개항 당시 처음 설치된 부두인 고베항 제1부두가 있으며 현재 재개발이 가장 활발히 진행되는 곳이다. 내년(2025년) 4월 완공을 목표로 한창 공사 중인 '고베 아리나 프로젝트'는 7층 규모로 부지 면적은 약 2만 3700평방미터로 약 1만 명을 수용해 음악 라이브 공연과 국제회의 등에도 활용할 예정이다.

재개발 사업을 효율적으로 추진하기 위해 고베시는 1995년 3월 시장 직속의 고베항 부흥 본부를 설립하고, 다양한 분야의 전문가들과 시민 대표들로 구성된 시민 회의를 운영하여 시민 참여를 확대하고 민관 협력을 강화했다. 하버랜드 개발은 민간 기업의 투자와 운영을 통해 성공적으로 추진되었으며, 지역 경제 활성화에 크게 기여했다. 이러한 노력을 통해 고베시는 지진의 상처를 극복하고 새로운 도시로 거듭났다.

그럼 고베 대지진 발생 이후, 고베시를 비롯해 민간기업, 시민들이 어떤 과정을 거치면서 부흥을 진행했는지 더 구체적으로 알아보자.

먼저, 고베시 행정의 대처이다. 고베시는 대지진 이후 부흥을 위해 국가 주도의 부흥원 설치 대신, 지방 분권의 흐름에 맞춰 한신·아와지 부흥 대책 본부와 부흥위원회를 설치하고, 현지 주도의 부흥 계획을 수립하여 국가가 지원하는 체계를 구축했다. 고베 대지진 부흥 기금을 통해 현지 주도의 부흥을 지원하고, 효고현은 '재해자 생활 재건 지원법'을 제정하여 1998년 5월에 가옥 전 파손 세대에 대해서 100만 엔을 한도로 생활 재건지원금을 지급했다. 그리고 '주택재건지원'에 대해서도 2006년 3월에 이 법이 개정되어 주택의 해체철거비, 토지 재정비 비용, 대출관계경비 등을 지급하는 '거주안정지원제도'가 창설되었다.

고베시는 지진 발생 이후 1년 동안 약 138만 명의 시민들이 자원봉사 활동에 참여하여 행정이 미처 챙기지 못한 부분까지 지원하며 피해 복구에 힘썼다. 지역 주민들은 '마을 만들기 협의회'를 구성하여 스스로 마을을 재건하고 공동체를 회복하기 위한 노력을 기울였다. 그리고 피해자 개개인의 생활 복구를 지원하기 위해 설립된 '부흥 지원 회의'는 행정 주도가 아닌 시민 참여를 중심으로 운영되어 피해자의 목소리를 직접 듣고 문제를 해결하는 데 집중했다.

고베시는 지진 피해 복구 과정에서 응급 가설 주택에서 영구 주택으로의 원활한 이전을 위해 NPO와 행정이 함께하는 라운드 테이블을 개최했다. 재해지의 생활 부흥을 위한 NPO와 행정의 생활 부흥 회의를 운영하며 재해 전후의 과제를 함께 고민하는 NPO와 행정의 협동 회의를 개최하는 등 NPO와의 협력을 강화했는데 이러한 노력은 다른 지역으로 확산되어 전국적으로 NPO와 행정의 협력 모델이 되었다. 또한, 지진을 계기로 자원봉사 활동이 활발해지면서 국가 차원에서 '특정 비영리 활동 촉진법'을 제정하고, 지방자치단체 차원에서도 자원봉사 활동 촉진 조례를 제정하여 자원봉사 활동을 지원하는 체계를 구축했다. 이처럼 고베시는 혁신적인 행정 시스템, 지진 피해 복구 과정에서 NPO와 행정의 협력과 시민들의 자원봉사 참여를 통해 빠르게 회복하고 지속 가능한 도시로 발전할 수 있었다.

두 번째는 기업의 노력이다. 고베 대지진 당시 민간 기업들은 재해 현장에서 다양한 방식으로 지원 활동을 펼쳤다. 페리나 헬기를 이용한 물자 수송, 직원 파견을 통한 구호 활동, 피해자를 위한 시설 제공 등 기업의 특성을 살린 다양한 노력을 통해 재해 복구에 기여했다. 피해를 입은 종업원들에게 안부 확인, 위문금 지급, 사택 제공 등 다양한 지원을 제공하고, 대기업은 전국적인 네트워크를 활용하여 조기 복구를 위한 노력을 기울였다. 중소기업들도 동업자들과의 협력을 통해 생산을 재개하는 등 어려움을 극복하기 위해 노력했다. 고베 대지진 이후 기업들은 단지 경제 주체를 넘어 지역 사회의 일원으로서 사회적 책임을 다하는 모습을 보여주었다. 기업들은 자사 빌딩을 갤러리로 개방하고, 'KOBEHYOGO2005 꿈 기금 프로젝트' 기금 설치를 펼쳐 지역 주민을 위한 기금을 조성하는 등 문화 예술 분야를 지원하고 지역 사회에 활력을 불어넣었다. 또한, 지역 주민들과 함께 방재 훈련에 참여하고 방재 마을 만들기에 동참하는 등 지역 사회의 안전을 위해 노력했다. 기업들은 지역사회에 대한 공헌 활동을 적극적으로 펼쳤는데 특히, 사업소 주변 지역의 방재 활동 참여, 지역 부흥 이벤트 참여 및 협력, 그리고 기금 마련과 기부 등의 금전적 지원이 활발하게 이루어졌다. 반도화학(주)은 위기관리위원회를 설립하여 재해 발생 시 대응 매뉴얼을 마련하고, (주)아마큐는 부지 내 시설을 활용하여 지역 주민들에게 피난 장소와 식량을 제공하는 등의 계획을 수립했다. 세키스이 하우스(주) 롯코 개발 사업부는 '공익 신탁 고베 마을 만들기 롯코 아일랜드 기금'을 설립하여 지역 사회 발전에 기여했으며, 가메이 창고(주)는 문화 갤러리를 무료 개방하고 지역 주민들과의 소통을 강화하는 등 다양한 활동을 펼쳤다. 이처럼 기업들은 지진을 계기로 지역사회의 일원으로서 책임감을 느끼고 지역 주민들과 함께 성장하기 위한 노력을 지속하고 있다.

세 번째는 지역 단체, NPO/NGO 등의 대처이다. 고베 대지진 직후, 재해 현장에서는 지자체와 시민 사회의 뜨거운 연대가 펼쳐졌다. 자치회, 부인회, 노인회 등 지역 단체들은 고령자를 비롯한 피해 주민들에게 식량, 일용품 등을 제공하고, 피난소 운영을 지원하며 세심한 돌봄을 제공했다. 특히, 부인회는 물자 수급, 청소, 취사 등 다양한 분야에서 활발하게 활동하며 피해 주민들의 생활을 지원했다. 뿐만 아니라, 전국 각지에서 자원봉사자들이 모여들어 피해 현장 복구를 위해 힘을 보탰다. 젊은 층을 비롯한 다양한 계층의 시민들이 기업에서 파견된 사원들과 함께 구호 활동에 참여하며 사회 전체가 하나 되어 위기를 극복하려는 모습을 보여주었다. 노인 클럽 연합회는 고령자 상호 지원 사업을 통해 혼자 사는 노인들을 방문하고 안부를 확인하는 등 지역사회 돌봄에 앞장섰다. 또한, 시읍·사회복지 협의회 등과 협력하여 지역 주민들을 대상으로 말벗, 가사 지원, 고민 상담 등 다양한 활동을 펼쳤다.

한편, NPO/NGO는 '특정 비영리 활동 촉진법 제정' 등을 통해 사업화, 전문화, 법인화가 진행되며 그 역할이 확대되었다. 이러한 변화는 행정이나 기업이 해결하기 어려운 다양한 사회 문제에 NPO/NGO가 유연하게 대응할 수 있다는 점과 부흥 기금 등의 지원이 더해지면서 가능했다. 본격적인 부흥기에는 시민들이 공공의 역할을 담당하는 사회를 만들어나가는 움직임이 NPO/NGO를 중심으로 활발해졌다. NPO/NGO 간의 연수, 연구회 개최, 네트워크 구축 등을 통해 자원봉사 부문의 전문성을 강화하고자 하는 노력이 이어졌다. 특히, 중간지원조직은 기업과 행정을 연결하는 가교 역할을 수행하며 NPO/NGO를 지원하는 데 중요한 역할을 담당했다.

네 번째는 피해자의 대처이다. 피해 지역 주민들은 극심한 어려움 속에서도 서로 돕고 지지하며 놀라운 회복력을 보여주었다. 지진 직후, 주민들은 자발적으로 구조 활동에 참여하고 피난소에서 서로 돕고 의지하며 공동체를 형성했다. 특히, 피난소에서는 자발적인 리더십이 발휘되고 청소년을 포함한 피해자들이 자원봉사 활동에 참여하며 새로운 공동체 문화를 만들어 나갔다. 응급 가설 주택에서는 주민들이 스스로 교류 센터를 운영하며 다양한 동호회 활동을 통해 서로 소통하고 공동체 의식을 강화했다. 이러한 활동은 주민들의 심리적 안정뿐만 아니라 건강 증진에도 기여했고 재해 부흥 공영 주택으로 이주한 후에도 주민들은 자치회를 중심으로 공원 청소, 오봉오도리 참여 등 다양한 활동을 통해 주변 지역과의 교류를 확대하고 지역사회에 적극적으로 참여했다.

재해지의 부흥 마을 만들기에 있어서, 주민 자신이 행정과도 관계를 가지면서 주민 상호논의에 의해 그린 자신들의 목표로 하는 마을 만들기를 진행하려고 하는 시도가 퍼졌다. 마을 만들기 협의회는 부흥 마을 만들기에 있어서 계획의 재검토나 사업의 추진 등 중심적인 역할을 완수해, 주민의 지역에의 귀속 의식이나 애착심을 깊게 하는 것으로도 이어졌다.

이상으로 고베 대지진에서는 엄청난 피해를 앞두고 고베시 행정 대응이 재빨랐고 체계적이었으며 피해자에 의한 상호 도움에 의한 자발적인 대처가 중요한 역할을 담당했다는 것을 알 수 있었다. 그리고 부흥 과정에서 자원 봉사 활동, 커뮤니티 만들기, 심지어 지진 재해를 계기로 펼쳐진 마을 만들기 협의회 등의 선구적인 대처가 전개되었다. 민간 기업들은 재해 발생 시 신속하고 효율적인 대응을 위해 사전에 기업 간 연대와 협력 체계를 보여주었고 지역 사회의 핵심을 이루는 자치회와 시민들의 자발적인 참여 또한 재해 복구에 큰 힘이 되었다는 것을 알 수 있었다.

3) 고베항 친수공간 재개발 사례 분석

고베 대지진 이후 고베시는 항만 기능 복구뿐만 아니라 시민들의 삶의 질 향상과 도시 매력 증진을 위해 친수공간 재개발에 중점을 두었다. 이를 통해 고베항은 물류 중심지에서 벗어나 시민과 관광객이 즐겨 찾는 활기찬 공간으로 탈바꿈했는데 대표적인 사례에 대해서 알아보자.

메리켄 파크(Meriken Park)

1868년 1월 고베항이 개항하면서 세계와의 교류가 시작되었고, 같은 해 5월 고이가와(鯉川) 끝에 세워진 작은 파지장이 미국 영사관 앞에 위치했다는 이유로 '아메리칸(American) 영사관 앞 파지장'이라 불리며, 이것이 줄어들어 '메리켄 파지장'으로 자리 잡았다. 한때 '만국 파지장'이라고도 불렸으며, 실제 파지장 기부의 비석에는 '만국 파지장'이라고 새겨져 있다. 이 파지장과 고베 포트 타워가 세워진 중돌제 사이의 해면을 매립하여 1987년 4월 29일, 총면적 15.6ha의 '메리켄 파크'가 개장했다.

이 넓은 녹지 공간에는 수변 자갈길 산책로, 항구의 정취를 느낄 수 있는 전망 광장, 잔디 광장, 벚꽃길, 분수 등 다양한 시설이 조성되어 있다. 프랭크 게리의 작품인 '피쉬 댄스' 조형물, 고베 패션 페스티벌을 기념하는 '오르탄시아의 종' 등 예술적인 요소들이 볼거리를 제공한다.

메이지 중기(1880년대) 메리켄 파지장　　메이지 말기(1890~1912) 메리켄 파지장
　　　(출처: 일본 세관 사이트)　　　　　　　　(출처: 위키피디아)

1929년 메리켄 파지장(출처: 위키피디아)　현재 메리켄 파지장(출처: 요미우리 신문)

　　메리켄 파크는 고베항 친수공간 재개발의 핵심 프로젝트 중
하나로, 지진 피해 복구와 도시 재생을 상징하는 공간이다. 메리
켄 파크 재개발 목표는 지진 피해 현장을 보존하고 기념물을 설치
하여 지진의 교훈을 후세에 전달하고 방재 의식을 고취하는 것이
다. 또 넓은 잔디밭, 산책로, 분수, 조형물 등을 설치하여 시민들이
편안하게 휴식하고 여가를 즐길 수 있는 공간을 제공함에 있다.
고베항의 상징적인 랜드마크인 고베 포트 타워와 고베 해양 박물
관을 연계하여 관광객을 유치하고 지역 경제 활성화에 기여하고

자 했다.

　메리켄 파크 재개발 내용을 살펴보자. 1995년 고베 대지진으로 큰 피해를 입은 고베항 메리켄 파크는 대지진의 교훈을 후세에 전하고, 항구의 부흥을 기념하기 위해 피해 현장을 그대로 보존하여 '고베항 지진 메모리얼 파크'를 조성했다. 1995년 1월 17일 지진 발생 시각을 표시한 둥근 판벽널 등 다양한 자료를 통해 지진의 규모와 파괴력을 실감할 수 있도록 했고, 메리켄 파크의 안벽의 일부 약 60미터를, 지진 재해 유구로서 재해 당시의 상태 그대로의 상태로 보존하고 있다. 이는 모터보트 경주 수익금 등으로 조성된 재건 지원 자금으로 이루어졌으며 2018년에는 토목학회 선정 토목 유산으로 지정되어 그 의미를 더했다.

　메모리얼 파크는 크게 '보존 존'과 '부흥 존'으로 나뉘어져 있다. '보존 존'은 지진으로 붕괴된 콘크리트 구조물을 그대로 남겨 당시의 참혹했던 모습을 생생하게 보여주고 있으며, 해상 회랑을 통해 직접 피해 현장을 체험할 수 있도록 조성되어 있다. 특히, 지진 발생 시각을 표시한 비석과 함께 메모리얼 파크의 의미를 되새기게 하는 다양한 자료들이 전시되어 있다. '부흥 존'에서는 지진 이후 고베항의 복구 과정과 부흥의 역사를 영상과 사진 등을 통해 생생하게 보여주고 있으며, 배의 돛 모형을 통해 고베항의 희망찬 미래를 상징하고 있다. 이곳은 지진의 상처만을 보여주는 공간이 아니라, 고베 시민들의 불굴의 의지와 함께, 재난 극복과 도시 부흥의 과정을 생생하게 보여주는 살아있는 역사 교육의 장으로 자

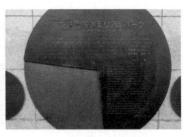

지진 피해를 입은 시설의
안쪽 벽을 보존한 모습

지진 발생 시각을 나타내는
조형물

지진 피해를 사진으로 기록한 전시(필자 촬영)

리매김하고 있다. 인근에는 휴게 공간과 함께 지진 당시의 사진과
자료를 전시하는 공간이 마련되어 있어 방문객들에게 깊은 감동
과 함께 역사적 교훈을 제공하고 있다.

메리켄 파크 재개발에는 고베 지역 기업들의 후원이 큰 역할을 했다. 고베 신문사는 지진 기념공원 조성에 필요한 자금을 지원하고, 고베 제강소는 공원 내 조형물 제작에 참여했다. 공원 조성 및 관리에는 많은 시민 자원봉사자들이 참여해 꽃 심기, 청소, 안내 등 다양한 활동을 통해 공원 운영에 적극적으로 협력을 했다. 그리고 시민 의견을 적극적으로 수렴하고 반영하여 시민들의 공감대를 형성하고 지속 가능한 개발을 이끌어냈다. 따라서 메리켄 파크는 재난을 극복하고 새로운 희망을 만들어낸 고베 시민들의 의지와 노력을 보여주는 상징적인 공간으로, 이러한 경험은 다른 도시들의 재난 극복 및 도시 재생에 중요한 교훈을 제공한다.

　　메리켄 파크 옆에는 고베 포트 타워와 고베 해양 박물관이 있다. 고베 포트 타워는 고베항의 상징적인 랜드마크로 1963년에 건설되었으나 지진으로 인한 피해를 복구하고 내진 설계를 강화하여 재개장했다. 108m 높이에서 고베 시내와 바다를 360도 파노라마로 조망할 수 있는 전망대, 레스토랑, 카페, 기념품 가게 등을 갖추고 있어 관광객들에게 인기가 높다. 그리고 밤에는 화려한 조명으로 빛나는 고베 포트 타워로 인해 고베항의 야경은 더욱 아름답다. 고베 포트 타워는 고베시가 소유하고 있지만 운영은 민간 기업에 위탁하여 효율성을 높이고 있다. 이는 민간 기업의 전문성을 활용하여 관광객 유치와 수익 창출에 기여하고 있고 또 고베 시민들에게 희망과 자긍심을 심어주는 역할을 했다.

　　고베 해양 박물관은 1963년 고베 포트 타워 3, 4층에 작은 규

고베 포트 타워(필자 촬영)

고베 해양 박물관(필자 촬영)

모로 개관했고, 1987년 고베항 개항 120주년을 기념하며 현재의 모습으로 확장되었다. 이 박물관은 근대 고베 항구만이 아니라, 타이라 키요모리(平淸盛)가 수축한 오와다노토마리(大輪田泊)나 후쿠하라쿄(福原京)까지 거슬러 올라가며 크고 작은 200여 점의 선박 모형이 전시되어 있다. 2006년부터 가와사키 중공업이 기업 박물관 '가와사키 월드'를 운영하고 있다. 신칸센 0계전차의 선두차량이나 KV-107 II형 헬리콥터의 현물을 전시 및 육·해·공·환경 등을 테마로 한 퀴즈 게임, 마린 스포츠 시뮬레이터 등도 설치돼 있다. 이 해양 박물관은 고베시와 가와사키 중공업의 협력으로 건립되었는데 고베시는 부지 제공과 운영을 담당했고, 가와사키 중공업은 박물관 건립 비용을 지원했다. 이 박물관은 고베항의 역사와 문화를 소개하고 다양한 해양 관련 전시물과 체험 프로그램을 제공한다.

하버랜드(Harborland)

하버랜드는 1982년 11월에 화물역으로서의 영업을 종료한 구 국철의 미나토가와(湊川) 부지와 가와사키 제철(현재의 JFE 홀딩스)·가와사키 중공업 연안 일대 공장의 터 약 23ha를 1985년 재개발에 착수해 1992년 9월에 개장했다. 과거 일반 시민의 접근이 제한되었던 임해부를 시민들에게 개방하고 새로운 도시 공간을 창출한 것이다. 정부의 민간 활력 도입 정책에 따라 고베시가 부지를 매입하고 민간 기업이 사업을 진행하는 방식으로 개발되었으며, 도로, 공원 등 공공 공간 정비와 개별 건축 디자인 유도를 통해 현재의 모습을 갖추게 되었다. 특히, 신도시 거점 정비 사업 등 다양한 사업을 통해 도시 기반 시설을 정비하고, 하버랜드선과 하버랜드 광장 등을 조성하여 시민들이 즐길 수 있는 매력적인 공간을 만들었다.

하버랜드의 경관 형성의 골격을 이루는 고베 하버랜드선과 하버랜드 광장의 경관 정비에서는, 사업 주체인 고베시와 주택·도시 정비 공단이 이 사업의 경관적 역할에 대해 갖는 기대와 의욕이 느껴진다. 바다로 이어지는 심볼 로드가 되는 고베 하버랜드선(폭원 27m)에서는 사람들이 산책을 즐길 수 있는 산책로로서의 낮과 밤의 공간이 연출된다. 그중에서도, 친수성이 있는 광장을 구성·연출하고 있는 선박이나, 잠정 이용이지만 광장에 인접하는 메이지 시대의 아카렌가 창고를 재이용한 레스토랑 등은 역사적 건축, 환경 자원의 보존·재생의 사례로서도 주목받았다.

하버랜드 건설에 따른 공공 공간의 정비로서, JR 고베역과 하버랜드를 연결하는 역 앞 광장과 지하가의 정비는 보행자 동선의 확보뿐만 아니라 심볼 공간의 형태를 성취한 역할은 크다. 도시 만들기의 계보에서 보았을 때, 하버랜드는 거리 전체로서 문화·소비 산업의 거점이며 어디까지나 거기에 모이는 시민을 주인공으로서 설계·건설되어 갔다. 고베의 도시 만들기에 있어서 최초의 시도일 뿐만 아니라, 공장·빌딩 대신 문화적 공간이 핵심이 된 생활이념에 근거한 획기적 도시 공간의 탄생인 것이다. 포트 아일

랜드[1]와 비교하여 하버랜드 건설이 갖는 차별점은 화물 야드의 철 거지 재개발이라는 단순한 물리적인 것과는 달리 도시재생이라는 리뉴얼의 일환이다. 또 하나는 컨테이너 부두 건설과 같은 산업 기반 정비가 전혀 없는 순수한 문화 산업의 거점 형성이다. 그런 의미에서 하버랜드의 가장 큰 정책적 효과는 재편성 기능에 있다 고 할 수 있다. 즉 도시가 생산을 중심으로 하는 산업사회로부터 정보 · 소비 등을 중심으로 하는 포스트 산업사회를 맞이하여 공 간 · 경제 · 사회구조 모두에 걸쳐 재편성이 요구되고 있는 것이다. 이 도시 구조 재편성이라는 시대 전환의 요구를 충족시키기 위한 새로운 타입의 개발 프로젝트가 하버랜드의 개발 목적이었다. 이 런 목적하에 하버랜드는 문화적 공간이 핵심이 되어 시민들을 비 롯한 외국인 관광지로서 발돋움하였다.

1995년 1월 17일, 일본 고베 지역을 강타한 대지진은 막대 한 인명 및 재산 피해를 초래하며 도시 기능을 마비시켰으나 부 흥과정을 살펴보면 다음과 같다. 하버랜드는 고베 대지진의 피해 가 고베 최대의 상업 중심지인 산노미야보다도 적었기 때문에 지 진 재해 다음 날부터 다이에가 가게의 일부를 영업 재개하기도 했 다. 그리고 약 2개월 후에 고베 한큐가 영업 재개하는 등 다른 지 구보다 재빨리 부흥했기 때문에, 그 직후는 고객 유치력이 향상되

1 　고베시 중앙구의 고베항 내에 만들어진 인공섬이다. 고베 대교 및 항구 섬 터널에 의해 서 고베시 중심부와 연결되어 도시 기능을 갖춘 일본에서 가장 먼저 시작한 워터프론 트 도시이다.

하버랜드 야경(필자 촬영)

고 매상이 증가해 1997년도에는 방문자수 약 3,600명에 달했다. 그 후는 산노미야나 모토마치의 부흥에 가세해 교외의 쇼핑센터에 밀려 방문자 수는 감소로 돌아섰고 2001년도는 약 3,460만 명 2003년도는 약 3,000만 명으로 감소했다. 1994년 12월에 고베 세이부(神戸西武) 백화점이 실적 부진을 이유로 철퇴해 그 점포 터에 1996년 4월에 고베 출신의 난부 야스유키(南部靖幸)가 이끄는 파소나(パソナ)가 고베하버 서커스(神戸ハーバー・サーカス)를 개업했다. 그 이후 고베 하버 서커스의 철거를 인수한 스미토모 생명 보험이 그 철거된 점포 터를 약 30억 엔 들여 스미토모 빌딩을 개장했고, 또 이것은 노무라(野村) 부동산 홀딩스 산하의 상업 컨설턴트 업자인 지오·아카마츠(ジオ·アカマツ)의 운영으로 2004년 12

월 3일에 백화점으로 재 개업했다. 그 밖에도 고베 세이부나 고베 한큐 등의 백화점이나 다이에 이외의 상업 시설은 전문점의 세입 자를 모은 전문점 빌딩의 형식으로 수많은 점포들이 입점해 남녀 노소를 불문하고 자주 찾는 쇼핑몰 및 관광지로 자리매김했다.

당시 하버랜드 재개발 목표는 쇼핑몰, 호텔, 레스토랑 등 상업 시설 유치를 통해 관광객을 모으고 지역 경제에 활력을 불어넣는 것이었다. 또 낙후된 항만 지역을 현대적이고 세련된 공간으로 재개발하여 고베의 도시 이미지를 개선하고자 했으며 다양한 문화 시설과 레저 시설을 조성하여 시민들에게 휴식과 여가를 즐길 수 있는 공간을 제공하고자 했다. 하버랜드 재개발 내용을 살펴보면, 고베시는 토지 제공과 기반 시설 조성을 담당하고, 민간 기업은 상업 시설 건설 및 운영을 담당하는 방식으로 협력했다. 민간 기업의 투자와 운영을 통해 성공적으로 추진되어 민관 협력의 중요성을 보여줬는데, 미쓰비시 상사는 1998년에 복합 쇼핑몰 '모자이크'를 건설했고, 이곳에 다양한 상점, 레스토랑, 카페, 영화관 등 대규모 쇼핑몰이 입점했다. 쇼핑몰에서는 고베항의 야경을 감상하며 쇼핑과 식사를 즐길 수 있어 관광객들에게 인기가 높고 특히 대관람차는 고베항의 상징적인 랜드마크로 자리 잡았다. 그리고 음악 공연장, 미술관, 박물관 등 다양한 문화 시설을 조성하여 시민들의 문화 향유 기회를 확대했는데 예를 들어, 고베 앙팡만(호빵맨) 어린이 박물관은 어린이들에게 인기 있는 곳이다. 요트, 유람선 등 해양 레저 시설 또한 도입하여 다양한 해양 체험 활동을 즐길 수 있도록 했고 특히, 필자도 직접 체험한 적이 있는 고베 '콘체르토 유람선'은 아름다운 바이올린 음율에 따라 고베항의 아름다운 야경을 감상하며 식사를 즐길 수 있어 아주 좋았다. 하버랜드는 이와 같은 재개발로 인해 연간 약 1,500만 명의 관광객이 방문하는 고베의 대표적인 관광 명소로 자리 잡았다.

4 나가며

고베항 친수공간 재개발은 지진 피해 복구를 넘어, 시민 삶의 질 향상, 도시 경쟁력 강화, 매력적인 도시 환경 조성이라는 다층적인 목표로 추진되었다. 메리켄 파크는 지진의 상흔을 보존하고 기억하는 동시에 시민들의 휴식과 치유를 위한 공간으로 탈바꿈했고, 하버랜드는 복합 쇼핑몰 개발을 통해 지역 경제 활성화와 도시 이미지 개선에 기여했다. 고베 포트 타워와 고베 해양 박물관은 도시 랜드마크 및 문화 시설로서의 기능을 수행하며 고베항의 매력을 더했다는 것을 알 수 있었다.

고베항 친수공간 재개발의 성공 요인은 민관 협력, 시민 참여, 지역 특성 반영, 강력한 리더십, 장기적인 비전 등 다양한 요소가 복합적으로 작용한 결과이었다. 고베시와 민간 기업 간의 파트너십은 재정 부담을 줄이고 전문성을 확보하여 효율적인 사업 추진을 가능하게 했다. 고베시는 재개발 과정에서 시민 의견 수렴을 위한 '고베 시민 심포지엄', '고베항 재개발 시민 회의' 등을 적극적으로 운영하여 시민들의 공감대를 형성하고 사업 추진 동력을 확보했다. 고베항의 역사와 문화를 반영한 건축물 디자인과 조경, 친수공간 조성은 지역 정체성을 강화하고 차별화된 도시 공간을 조성하는 데 기여했다. 고베시장을 중심으로 한 강력한 리더십과 장기적인 비전은 재개발 사업의 성공적인 추진을 위한 핵심 요소이었다. 이처럼 고베항 친수공간 재개발은 지역 경제 활성화, 도시 이미지 개선, 시민 삶의 질 향상 등 다양한 긍정적 효과를 가져왔다. 하지만 상업 시설 중심 개발로 인한 지역 상권과의 경쟁 심화, 관광객 편중 현상 등 일부 문제점도 나타났다.

재난은 도시를 파괴하는 동시에 재건의 기회를 제공하기도 한다. 고베 지진 발생 이후 고베시가 보여준 재난 극복 과정을 통해 도시재생을 함께 추진하여 도시 회복력을 높이고 지속 가능한 발전을 이루어야 함을 알 수 있다. 그리고 친수공간은 도시의 매력을 높이고 시민 삶의 질을 향상시키는 중요한 자원이기 때문에, 도시재생 사업에서 친수공간 재개발을 적극적으로 활용하여 도시 활성화를 도모해야 한다. 도시재생 사업은 지역의 역사, 문화, 자연환경 등을 고려하여 지역 특성에 맞는 방식으로 추진되어야 하며, 공공 부문, 민간 부문, 시민 사회의 협력을 통해 더욱 효과적으로 추진될 수 있기에 시민들의 적극적인 참여를 유도하고 민간 부문의 창의성과 전문성을 활용해야 한다. 고베 대지진이 막대한 인명 및 재산 피해를 초래하며 도시 기능을 마비시켰지만, 시민들이 좌절하지 않고 고베시를 비롯해 민간기업, NPO/NGO를 중심으로 재난 상황을 도시 재건 및 활성화의 기회로 삼아 적극적인 도시재생 사업을 추진하는 모습은 아주 인상적이었고 교훈적이었다. 현재 부산은 북항 재개발이 화두가 되고 있다. 그런데 올해(2024년) 6월에 북항재개발 지역을 방문해보니, 친수공간은 잘 정비되어 있었지만, 아직 시민들이 즐길 거리가 없었다. 공원 안에 간식이나 커피 한 잔 사 먹을 곳 없어 수백 미터 떨어진 부산역에서 가져와야 하는 상황이다. 그리고 부산항 재개발로 만든 역사적인 공간임에도 특별한 콘텐츠 없이 지자체 차원의 단편 행사만 실시하는 것이 현재 상황이다. 선진 항만 재개발 지역은 모두 콘텐츠를 기획·운영하는 전담 기구가 있었다. 북항도 세계적인 관광 명소로 발전하려면 전담조직이 필요하다고 생각한다. 민간이 주도적으로 참여하는 전담 조직이 구성돼 부산항이 가진 독특한 역사와 가치를 살린 콘텐츠를 개발해 새로운 관광 자원으로 개발하고, 동시에 지역 주민에게 자부심을 불어넣을 수 있는 방식을 계속 고민해야 한다. 이 글에서는 고베항의 선진사례를 들었지만, 그 외 선진 항만 재개발 사례에 대한 성공 요인과 문제점을 면밀히 분석하여 부산 항만의 지역 특성을 잘 살린 지속 가능하고 성공적인 도시재생 모델을 구축해야 할 것이다.

공미희

군항도시 사세보(佐世保)의
평화산업항만도시 전환을 위한
실천과 도전

구(舊) 일본해군 진수부(鎭守府)가 설치된 사세보
그리고 패전 이후

1872년(메이지 5년) 일본 해군이 창설되면서 군사시설 보유 항
구의 정비가 급선무였다. 당시 일본 해상 방위의 가장 중요한 거

사세보 진수부(출처: 위키피디아)

점항은 가나가와(神奈川)현의 '요코스카(横須賀)'와 히로시마(広島)현의 '구레(呉)', 교토(京都)부의 '마이즈루(舞鶴)'와 나가사키(長崎)현의 '사세보(佐世保)'였다. 이는 지역별로 구(舊)해군 조직을 통괄하는 '진수부(鎮守府)'가 있었기 때문이다. '진수부는 구 일본제국 해군의 근거지로서, 함대 후방을 통괄하는 기관을 말한다. 1876년 요코하마(横浜)에 동해 진수부가 먼저 개청되었고 이후 1884년에는 요코스카로 이전했다. 이어 1889년에 구레 진수부와 사세보 진수부가 개청되었고, 1901년에는 마이즈루 진수부가 개청되었다. 요코스카는 가라후토(樺太)·홋카이도(北海道)에서 미에(三重)까지의 태평양측, 구레는 긴키(近畿), 세토우치(瀬戸内), 시코쿠(四国), 규슈(九州)의 태평양측, 마이즈루는 야마가타(山形)에서 시마네(島根)까지의 동해측, 사세보는 규슈의 서측, 오키나와(沖縄), 조선, 대만을 포함한 동중국해를 관할하였다. 일본의 서단에 위치한 사세보는 중국과 한반도에 근접한 지역으로, 군사적 요충지였다. 1894년 청일 전쟁에서는 군수물자의 공급기지로, 1904년 러일 전쟁기에는 청일 전쟁의 두 배가 넘는 함선이 출입하는 대군항으로 변하였다.

사세보 대공습(출처: 위키피디아)

하지만 이러한 번영의 역사도 오래가지 못하고, 태평양 전쟁 시기인 1945년 3월부터 5월까지 연합군의 규슈, 시코쿠 공습을 받는다. 4월 8일 공습은 사세보 해군 공창과 주변 가옥에 피해를 입히며 100명 이상의 사상자를 발생시켰고, 같은 해 6월 28일 오후 11시 50분에서 다음 날 오전 2시까지 재차 전략폭격이 이어졌다. 사세보 군사 기지가 아닌 사세보 시가지를 대상으로 한 무차별 폭격이었다.

소위 '사세보 대공습'으로 불리는 폭격으로 인해 사상자가 민간인을 중심으로 1,242명에 이르렀다. 진수부 개청 이후, 사세보는 1차 세계대전과 2차 세계대전을 거치면서 군사적으로 중대한 역할을 담당하였고, 탄광 지대로 발전하며 번영을 누렸지만, 태평양전쟁 기간 중 2회에 걸친 연합군의 대공습으로 인해 대부분이 괴멸되는 결과를 맞이했다.

1945년 8월 15일 패전 후 사세보에 진주한 미군(연합군 제6군 제5 해병군단)은 사세보 진수부를 시작으로 해병단, 공창, 군수부, 공무(工務)부 및 그 부속 시설인 아이노우라(相浦) 해병단, 사세보 항공대, 그리고 해군 주요 시설을 대부분 접수(接收)하여 사용했다. 공작물, 건물, 공작기계 등, 국유재산은 우선 미군 소속으로 접수한 후 불필요한 물건의 경우 내무성을 거쳐 대장성(大蔵省)으로 반환되었다.

고토(五島)열도	오세사키(大瀬埼) 등대	구쥬쿠시마(九十九島) (출처: 위키피디아)

이러한 상황 속에서 1946년 8월 21일 사세보 시장으로 취임한 나카타 마사스케(中田正輔)는 사세보가 가진 군항의 이미지를 상업항으로 탈바꿈하기 위해 '평화산업항만도시' 건설을 모색하였고 이를 위해 '구군항시(舊軍港市) 전환법' 제정과 '사이카이(西海) 국립공원'[1] 지정을 위해 최선의 노력을 다한다.

'구군항시 전환법'은 전후 일본의 '평화국가'로의 전환을 통해 군사 거점의 소멸을 상정하여 전후 부흥을 위해 구 군용재산의 전용을 촉진하는 법률이다. 하지만 '구군항시 전환법'이 시행된 지 3주밖에 지나지 않은 시점인 1950년 6월 25일 한국전쟁이 발발하면서 사세보에 다시 한번 공습경보가 발령된다. 개전 당시 재일(在日) 미군 기지의 기능은 요코스카에 집중돼 있었으나, 전쟁 수행을 위한 책원지(策源地)로서 사세보항의 역할과 필요성이 대두되었고, 1951년 9월 8일 샌프란시스코 강화조약과 함께 미일안보조약이 조인되면서 사세보항에는 미군의 주둔이 결정된다. 이처럼 사세보는 패전 이후, '평화산업항만도시' 건설과 전후 부흥을 꿈꾸었지만 미국에 의해 아시아 전략의 요충지가 되었고, 사세보 시민들이 염원하는 군항 도시의 이미지와 전쟁의 역사, 그리고 그 기억에서 벗어나지 못했다.

---

1   공원의 범위는 구쥬쿠시마(九十九島), 히라도(平戸), 고토(五島)열도 세 개 지구이며, 크고 작은 400여 개의 섬들이 있고, 섬의 공원으로 이루어져 있다. 1955년 3월 16일 국립공원으로 지정, 면적은 246.53km²이다.

원자력 항공모함 '엔터프라이즈 호'
사세보항 입항 사건

베트남 전쟁이 장기화되면서 1966년부터 1967년 사이 미국 병사의 사망자가 증가한다. 미국에서는 베트남 반전운동이 확대되어 나갔고, 그 여파로 인해 일본 기지에 머물던 미군 병사들의 탈영 시도 사건도 빈번히 일어났다. 이러한 정세 속에서 1968년 1월 19일 미국의 원자력 항공모함인 '엔터프라이즈 호'가 사세보항에 입항하겠다는 정식 통보가 내려진 것이다. 1964년부터 12차례에 걸쳐 미국의 원자력 잠수함이 기항하는 일이 있었지만 일부 시민들을 제외하고는 큰 관심을 갖지 않았다. 하지만 기존과는 전혀다른 대소동으로 발전하면서 사세보를 중심으로 전학련(전일본학생자치회총연합)과 기동대가 격돌하는 사태가 벌어졌다. 이어 사회당과 공산당에 의한 집회가 사세보 시민구장에서 개최되었는데, 이례적으로 많은 사세보 시민들도 함께 '엔터프라이즈 호' 입항반대 시위에 적극적으로 동참했다.

이 시기를 짚어보자면, 1968년과 1969년은 전 세계적으로 반체제와 반문화 운동, 민주화 운동이 일어난 시기이면서, 일본 또한 격하게 흔들렸던 해이기도 하다. '산리즈카

엔터프라이즈 호
(출처: 위키피디아)

(三里塚) 투쟁'[2]과 '규슈(九州)대학의 미군 팬텀기 추락 사건'에 대한 항의 운동, 그리고, 도쿄(東京) 신주쿠(新宿)역을 중심으로 점거와 방화 사건과 '도쿄대학 야스다(安田) 공방전(攻防戰)'으로 불리는 전학련의 투쟁이 그러하다.

1968년 1월 19일 미국의 원자력 항공모함인 '엔터프라이즈 호' 입항 반대 시위가 이 시기 빈번하게 일어난 반체제 혁명 운동과 학생운동이었고, 그러한 사회적 분위기를 형성하는 격동의 서막으로 해석하는 시각도 있지만, 여기서는 다른 관점에서 그 원인을 찾아보고자 한다.

우선, 전술한 바와 같이 사세보항의 특징 중 하나가 산탄지(産炭地)에 인접한 군항이라는 점이다. 1889년 사세보의 진수부가 설치된 무렵부터 사세보에는 주요 민간 공장들이 생겨났고 주요 에너지원은 석탄이 중심이었다. 전후 고탄가 문제로 인해 석탄에서 석유 등으로 바뀐 에너지 전환의 흐름을 거스를 수 없게 되자, 1957년 약 2만 2천 명의 사세보 노동자 수가 1965년에는 약 4천 5백 명까지 감소한다.

둘째, 탄광 폐광으로 인한 노동인구 감소, 소비인구 급감으로 경제적 위기에 봉착한 사세보는 미국의 원자력 항공모함 '엔터프라이즈 호' 입항 문제를 둘러싸고 사세보 시의회에서 반대와 찬

---

2   치바(千葉)현 나리타(成田)시 농촌지구인 산리즈카(三里塚)와 그 주변에서 발생하였고, 나리타시 지역주민 및 신좌익 운동가들에 의해 나리타 공항 건설을 반대하는 투쟁을 말한다.

성으로 대립하는 일이 발생했다. 미국과 공산주의의 대립에 사세보가 전쟁에 개입하게 될 수도 있다는 우려로 인해 반대의 의견이 주를 이루었다. 한편 입항 문제에 대해 찬성하는 측의 의견은 미군이 사세보에서 소비하는 인바운드 소비도 무시할 수 없다는 것이었다.

> 다음은, 사세보시의 현실 문제를 다뤄보자. "안보에 따라, 일본에 미군의 함대가 기항하게 되면 1척, 2척이라도 많이 우리 항으로 들어오도록 하는 것이 선결과제이지 않을까?
> 지금은 우리의 왕성한 소비생활을 만족시키기 위해서는 미군들이 들어오지 않으면 안 된다"라고 바텐더는 말한다.
> 〈주간문춘〉(1968년 1월 22일 자)

미군이 사세보 지역경제에 미치는 영향이 얼마나 큰지 쉽게 상상해 볼 수 있다. 다음 기사는 미군 기지로 인해 사세보 시내로 유출되는 엄청난 금액에 대한 기사 역시 흥미롭다.

> 쇼와 41년(1966년)도 미군 백서에 의하면, '기지 종업원을 포함하여 연간 8십 6억 엔이 사세보 시내로 흘러 들어간다. 이 중 대부분이 미군 수병의 '위안과 휴양비'로 지출되면서 대부분이 외국인 바를 운영하는 관계자의 호주머니 속으로 들어간다. 〈주간문춘〉(1968년 1월 22일 자)

일본 내 황색언론인『주간문춘(週刊文春)』의 경우, 약간의 과장된 내용도 예상할 수 있지만, '배 한 척이 오면 5일 만에 50만 엔을 버는 여성도 적지 않다.'라는 내용의 기사도 있었다. 사세보의 경제적 메리트가 '외국인 바(bar)'에 있었다는 내용의 기사가 적나라하게 공개되면서 일본 전역에 그 실태가 폭로되기도 했다. 이처럼 정치·사회적 상황과 현실 상황의 모순으로 인해 저항과 불만 의식이 고양되었다고 판단한다.

셋째, 사세보 입항으로 유명세를 떨친 '엔터프라이즈 호'는 8대째이며 'USS ENTERPRISE(CVN65)'가 정식 명칭이다. 7대째 '엔터프라이즈 호'는 1938년에 취역하여 이듬해 4월 태평양 함대에 편입되는데, 1941년 12월 7일 일본의 진주만 공격의 보복 공격으로 12월 10일 사세보 해군 공창에서 건조된 이고(伊号) 제70 잠수함을 침몰시켰고, 사세보 공습과 시가지에 대한 무차별 폭격과 직결된 함명이었다. 이는 미국인들에게는 진주만 폭격에 대한 보복을 치른 영예의 함선으로 기억이 될 것이고, 일본인과 특히 사세보 시민들에게는 공습과 전쟁의 트라우마로 기억된 함명이었을 것이다.

사세보는 1889년 진수부 개청 이후, 오랫동안 구(舊) 군항의 역할을 담당해 왔고, 태평양 전쟁 기간 중, 연합군의 공습으로 군항이 거의 괴멸되기도 했다. 전후, 상업항과 '평화산업항만도시'로 재출발을 도모했지만, 1950년 한국 전쟁 및 1960년대 베트남 전쟁 발발 이후, 미국의 아시아 전략의 요충지가 됨으로써 결국 군항의 이미지에서 벗어나지 못했다. 군항과 산탄지의 역할을 양립하면서 지역 경제를 지탱해 왔지만, 에너지 전환의 흐름을 거스르지 못하여 많은 노동자들이 해고를 당했고 이로 인해 심각한 인구 유출 현상을 겪기도 했다. 한때 '평화산업항만도시'로의 건설을 꿈꿨던 사세보는 미군들의 유흥공간의 수입에 의존할 수밖에 없는 지역 경제 상황과, 베트남 전쟁에 얽힌 정치·사회적 상황과 모순된 현실, 그리고 '엔터프라이즈 호'의 함명에 복잡하게 얽힌 사태는 사세보 시민들에게 불만과 저항 의식을 고양시키기에 충분했다.

'평화산업항만도시' 실현을 위한 움직임
'나가사키 오란다무라' 개장

하우스텐보스의 전신인 '나가사키 오란다(Holland의 일본식 발음, 이하 오란다)무라(村)'는 1983년 7월 나가사키시의 교외 지역인 세이히쵸(西彼町)에 개장한 테마파크이다. 사세보에서 차로 40분 정도의 거리로 나가사키의 오무라(大村)만(湾)에 인접해 있는 한산한 전원마을에 위치해 있다. 국립공원인 구주쿠시마(九十九島)와 사이카이바시(西海橋), 그리고 나가사키와 연결되는 국도가 있으며, 풍부한 자연경관과 온화한 오무라 만의 온난한 기후를 자랑하는 곳이다. 하지만 이곳에 '오란다(네덜란드)'라는 이국(異國)의 정취를 풍기는 테마파크를 조성한 것은 그만한 이유가 있다.

나가사키 오란다무라(출처: SAIKAI 관광사이트)

16세기 일본은 포르투갈과 스페인, 그리고 네덜란드와 활발한 교역 활동을 지속해 왔다. 규슈 지역의 다이묘들과 활발한 교류가 이루어졌고 당시 나가사키는 '작은 로마'로 불릴 정도로 가톨릭 다이묘와 가톨릭 신자가 많았던 곳이다. 하지만 17세기 도쿠가와 (德川)의 에도막부(江戸幕府)는 가톨릭 신자들에 대한 탄압과 동시에 서양세력에 대한 쇄국 정책을 펼친다. 단, 유일한 서양과의 연결고리를 확보하기 위해 나가사키 데지마(出島)[3]에 오란다 상관(商館)을 설치하였고, 네덜란드와의 교역활동을 통해 유럽의 다양한

---

3   1634년 에도막부가 서구와의 교역을 위한 대외정책의 일환으로 나가사키(長崎)에 건조한 일본 최초의 인공섬.

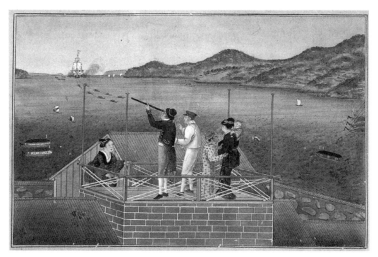
19세기 나가사키 모습(출처: 위키피디아)

문물들과 정보들을 받아들였다.

　테마파크 '나가사키 오란다무라'는 이처럼 과거부터 수백 년
간 지속되어 온 네덜란드와 일본 양국의 우호의 역사에서 출발하
였고, 네덜란드 정부와 왕실의 협력으로 건설된 쇼와(昭和)시대의
데지마였다. 원폭 피폭의 역사를 겪고, 전후 피폐해진 나가사키
에 전국의 관광객을 불러들일 기회를 만들어낸 창업자는 다름 아
닌 가미치카 요시쿠니(神近義邦)라는 나가사키시 세이히쵸(西彼町)
마을의 공무원이었다. 그는 6개의 금융기관으로 구성된 협조융자
단으로부터 거액의 융자를 받고 80개 이상의 기업이 참가한 테마
파크 '오란다무라'를 개장하는데, 이는 역사 · 문화도시인 나가사

키를 전국에 알리며 방문하는 관광객에게 열렬히 환영받았다. 그
동안 나가사키를 찾은 관광객들은 사이카이(西海) 국립공원을 보
기 위해 사이카이바시(西海橋)를 통과하는 정도에 그쳤다. 관광 산
업과 인연이 없었던 세이히쵸는 단숨에 전국적인 관광지로 변모
되었다. 개발 당시, 동쪽의 '디즈니랜드', 서쪽의 '오란다무라'라고
불리며 연간 200만 명의 관광객으로 성황을 이루었다. 하지만 접
근 도로의 정비가 이루어지지 않은 탓에 국도를 마비시키며 '교통
정체 지옥'이라는 말이 나올 정도로 극심한 교통정체의 혼란에 빠
졌다. 대혼잡에 빠진 국도의 정체 상황에 대응하기 위해 오란다무
라와 나가사키시는 나가사키 공항에서 해상루트를 증강하고 도
로 정비를 촉진해 나갔다. 결국 사세보시 하리오(針尾) 섬에 위치
한 공업단지의 부지(현 하우스텐보스 부지)를 주차장으로 만들어 관
광객을 해상으로 이동시키겠다는 계획을 세웠다. 하지만 오일쇼
크와 경제 불황으로 인해 진출기업이 없었던 하리오 공업단지에
대해 처분을 고려하고 있던 나가사키현과, 나가사키 오란다무라
의 창업자인 가미치카 요시쿠니는 긴밀한 협상을 이어나갔다. 결
국 나가사키 오란다무라의 붐을 살려, 50만 평의 공업단지 부지에
'하우스텐보스' 유치를 계획하기에 이른다.

제국주의 전쟁의 역사 위에 세워진 하우스텐보스

　오란다무라의 번성은 하우스텐보스 유치로 이어졌고, 이는 마치 쇼와의 데지마가 헤이세이의 데지마로 그 입지를 양보하는 모습이었다. 하지만 중세의 역사를 이어가는 하우스텐보스 부지와 그 일대는 일본 제국주의의 전쟁의 역사와 흔적이 선명하게 남아 있는 곳이기도 하다. 이러한 어두운 전쟁의 역사 위에 하우스텐보스는 '천년의 도시'라는 슬로건을 걸고 그 자리 위에 세워지려고 했다. 하우스텐보스 개장을 위한 기공(起工)에 앞서 군항도시 사세보가 전전기와 전후기를 거치면서 일어났던 어두운 역사의 흔적에 시대별로 살펴보자.

하리오 무선송신탑(출처: 위키피디아)

하우스텐보스 남서 방향으로 4km 정도 떨어진 곳에 137m에 달하는 거대한 무선탑 3기가 불쑥 솟아 있다. 이 무선탑은 1922년 구 일본 해군에 의해서 건설되었으며, 3기의 정삼각형 무선탑은 군항 사세보의 위치를 알 수 있도록 표시하는 기능도 있었고 전후 대륙과 남방에서 인양자를 맞이한 탑이기도 하다. 하리오 무선탑은 히로시마만 내에 있던 기칸나가토(旗艦長門) 사령부로부터 암호전보 발신의 명령을 받아 태평양의 모든 일본 군대에 발신하는 역할을 담당했다. 아래의 내용은 진주만 기습 명령에 관한 문구이며 사세보 사료관에 전시되어 있다.

GF 電令作　第10号
発令日時　12月2日1730
本文　　　[新高山登 1208] (終)

또한 하우스텐보스가 개장될 부지는 해군병교 하리오 분교가 있었던 장소이기도 하다. 1944년 5월 14세부터 15세 소년들을 대상으로 대략 1년간 엄격한 교육훈련이 행해진 곳이다. 이후 1945년 8월 15일 일본은 패전을 맞이했고 사세보항을 통해 연합군(점령군)이 입항하기 시작했다. 전쟁은 끝이 났지만 일반 일본인 350만 명, 군인과 군속(軍屬)이 310만 명, 합계 660만 명의 인양(引揚) 작업이 남아 있었다. 일본 정부는 연합군의 협력을 얻어 외국의 항으로 배를 보냈고, 일본인들을 모아 함께 돌아왔다. '민족의 대이

동'이라고 불리는 인양을 통해 사세보항으로만 139만 명 이상의 일본인들이 들어왔다. 이처럼 일반 일본인을 데리고 돌아오는 것을 '인양', 군인은 '복원(復員)'이라 불렀지만, 일반적으로 '인양'이라는 용어가 사용되었다. 인양항으로 지정된 사세보항에는 검역 시설이 있는 우라가시라(浦頭)를 인양 상륙지로 정했다. 하지만 인양선 내에는 전염병이 발생하여 상륙하지 못하고 귀국을 앞두고 사망하는 경우가 많았고 사망자의 반은 유아였다. 그나마 상륙한 인양자들은 작은 배로 갈아타고 상륙한 검역 및 유해기생충방제를 위해 전신에 DDT⁴를 뿌린 뒤에야 상륙이 허가되었다. 각종 문진 및 조사를 마치고 7km가 떨어진 숙사로 이동했는데 이곳이 현재의 하우스텐보스가 위치한 곳이다. 이러한 인양 활동이 최고조로 달한 시기는 1946년이고 매월 적게는 7만 명, 많게는 12만 명 이상이 사세보항을 통해 상륙했기 때문에 숙사는 인양자들로 가득 찼다. 수일간 숙사에서 심신의 피로를 푼 뒤, 인양자들은 하에노사키(南風崎)역을 통해 고향으로 돌아가는 방식이었다. 하에노사키역은 현재 하우스텐보스 사원 기숙사가 위치한 곳에 무인역으로 운영되고 있다.

전후, 해외에서 귀국하는 마지막 인양선인 '보고다마루(ぼごだ丸)'가 1949년 1월 필리핀 마닐라 교외의 일본인 수용소에서 유골 309구와 유체 5415구를 쌓고 사세보 우라가시라(浦頭)항으로 상

---

4   DDT(Dichloro-Diphenyl-Trichloroethane)로 불리는 유기 염소 계열의 살충제.

류한다. 유체는 귀국 후 화장하였고, 유골은 묘지에 합장되었다. 사세보 우라가시라항에 귀환된 전쟁 희생자는 하우스텐보스 부지의 서쪽에 위치한 '가마보치(釜墓地) 영원(靈園)'에 합장되어 있다. 1992년 하우스텐보스가 개장되면서 '가마보치 영원' 안내 간판을 설치하였고, 그 외에도 1998년 2월에는 "추억의 땅을 다시 방문하고 싶다."라는 당시의 인양자들의 요망으로 인양자들의 모임이 5일간에 걸쳐 하우스텐보스에서 개최되었다. 이 모임에는 전국에서 5,000여 명의 인양 체험자들이 하우스텐보스를 방문하기도 했다.

이와 같이 하우스텐보스 부지와 그 일대는 일본 제국주의의 전쟁의 역사와 흔적이 선명하게 남아 있는 곳이며 어두운 전쟁의 역사의 흔적이 남아 있는 곳이었다. 하우스텐보스는 '천년의 도시'라는 슬로건을 걸고 어두운 그 역사의 흔적 위에 세워졌다.

평화항만산업도시의 결정체 '하우스텐보스'의 개장

현재 하우스텐보스 주변의 수전(水田) 등으로 평지가 형성된 것은 에도시대부터 해면 간척에 의해 육지화된 것이고 그 이전에는 오무라의 큰 후미 역할을 했다. 전전기에는 간척지로 매립되어 하리오 해병단과 해군병 학교 하리오 분교의 부지였다. 전후기에는 139만 명의 인양자의 쉼터인 숙사(宿舍)가 있었던 곳이고, 이후 인양자 원호국(援護局)이 설치되면서 국유지의 부지였다.

하지만 나가사키현에서 이 부지에 대해 민간에 팔아넘기도록 요청하였고 정부는 그것을 인정하였다. 나가사키현은 1972년 하리오 공업단지의 조성을 계획하였고 1973년 공업단지 조성, 1975년에 약 170헥타르에 달하는 하리오 공업단지

하우스텐보스 전경
(출처: 위키피디아)

가 조성되었다. 하지만 당시 오일 쇼크의 영향으로 인해 진출하는 기업은 거의 없었고 매년 누적 적자를 내는 공업단지는 매수자를 찾지 못하고 지속적으로 현의 재정을 압박하는 상황에 놓였다.

1987년 나가사키 오란다무라의 사장인 가미치카 요시쿠니는 하리오 공업단지에 진출 계획을 발표하고 3가지 조건[5]을 현에 제출한다. 당시 나가사키현은 구조불황의 영향으로 침체기를 겪고 있었다. 현 지사인 다카다 이사무(高田勇)와 사세보 시장인 가케하시 구마시(桟熊獅)를 시작으로 현의 지자체 수장들에게는 대환영의 진출 계획이었다. 같은 해 11월 하리오 공업단지에 진출한 나가사키 오란다무라의 개발회사가 설립되고, 현과 시는 각각 3,000만 엔씩 출자하였고, 새로운 회사명은 하우스텐보스(Huis Ten Bosch: 네덜란드어로 숲속의 집)로 발표한다. 이로써 1988년 10월 하우스텐보스의 기공을 시작했다.

---

5   ①매각된 부지를 다시 사들일 것. ②사세보시에서 하루 3천 톤의 급수 확보. ③오무라 만 어업협동조합의 협력.

하우스텐보스의 건설은 파괴된 환경을 원래의 자연환경으로 돌리는 것에서 시작되었다. 공업단지로서 매립된 조성지를 파 뒤집고 전장 6,000미터에 이르는 운하와 콘크리트의 호안을 벗겨내어 자연석을 쌓았다. 초목이 없었던 대지에는 토양개량이 실시되고, 수십만 그루의 식수가 꽃을 피웠다. 이후, 운하에는 물고기가 돌아오고 숲은 곤충과 새의 천국이 되었다. 이처럼 자연환경을 회복하기 위해 초기 투자의 1/4 이상의 막대한 투자가 행해졌다.

또한 고용계획 및 사업계획에 의하면 종업원은 약 3,600명, 히다치(日立) 제작소 등의 대기업 30개사 출자, 제1기 투자액은 2,204억 엔, 개업 년도인 1992년의 목표입장객 수는 420만 명, 6년 후, 1만 호의 집에 3만 명이 거주할 것이라는 전망을 밝혔다. 지역 은행인 신와(親和)은행의 조사에 의하면 고용파급효과는 3~4만 명, 경제적 파급효과는 현내 1,200억 엔, 현외 1,700억 엔, 약 3,000억 엔의 생산 효과를 기대할 수 있을 것으로 전망했다. 나가사키 오란다무라와는 다른 새로운 타입의 복합형 리조트 시설은 1992년 규슈 전역과 나가사키 현민, 특히 사세보 시민들의 많은 기대를 받으며 개장했다. 사람과 자연을 공존시키는 오란다 전통의 마치즈꾸리[6], 테마파크의 오락성과 리조트의 쾌적성까지 더해졌고, 가까운 미래에 주변 지역을 포함하여 15만 명의 마치즈꾸리를 목

---

6   행정기관과 주민들의 협의에 의하여 새로운 마을을 만들어 가는 것을 뜻한다. 도로와 방재(防災) 등의 하드웨어적 측면과 역사와 관광 등의 소프트웨어적 측면 등 다방면의 분야에서 표현되고 사용되고 있다.

표로 한 웅대한 구상을 가진 시설이었다. 또한 가미치카 요시쿠니의 경영이념을 통해 나가사키현과 사세보시의 지역경제 활성화는 물론, 사세보 시민들이 염원하던 군항도시의 이미지 탈피와 평화산업도시로의 전환이 사세보의 새로운 관광도시의 모습으로 새롭게 탄생된 순간이었다.

이상원

도시재생의 성공 모델,
요코하마 미나토미라이21

1 미나토미라이21,
도시재생의 새로운 지평을 열다

20세기 후반 급격한 산업화와 도시화는 인류에게 번영을 가져다주었지만, 동시에 도시 쇠퇴, 환경 문제, 사회적 불평등과 같은 심각한 문제를 야기했다. 글로벌 경쟁 심화와 산업 구조 변화는 노후화된 도시 인프라와 낙후된 산업 시설을 남기며 도시의 경쟁력을 약화시켰고, 이는 도시의 지속 가능한 발전에 대한 회의감을 심어주었다. 이러한 시대적 배경 속에서 도시재생은 단지 건물을 새로 짓는 것 이상으로 도시의 경제적 활력을 회복하고, 사회적 공동체를 강화하며, 환경적으로 지속 가능한 도시를 만들기 위한 새로운 패러다임으로 자리매김하게 되었다. 특히, 쇠퇴한 도시 지역의 물리적 환경 개선과 사회·경제적 활성화를 통해 지속 가능한 도시 환경을 조성하는 것을 목표로 한다. 항만 재개발은 이러한 도시재생의 대표적인 사례로, 낙후된 항만 지역을 새로운 도시 기능으로 전환하여 도시 전체의 경쟁력을 강화하는 것을 목표로 한다.

전통적인 도시재생은 주로 물리적 환경 개선에 집중하여 노후 건축물 정비, 기반 시설 확충, 공공 공간 조성 등을 추진했다. 또한, 지역 경제 활성화를 위해 상권 활성화, 일자리 창출, 창업 지원 등 경제적 측면에도 초점을 맞춰왔다. 그러나 최근에는 물리적·경제적 측면만으로는 도시재생의 지속 가능성을 담보하기 어렵다는 인식이 확산되면서, 사회적 재생의 중요성이 강조되고 있다. 사회적 재생은 지역 공동체 활성화, 주민 참여 증진, 사회적 자본 확충 등을 통해 도시의 사회적 기능을 회복하고 지속 가능한 발전을 이루는 것을 목표로 한다. 이에 도시재생은 쇠퇴한 도시에 새로운 활력을 불어넣고, 삶의 질을 향상시키며, 도시의 역사와 문화를 보존하여 도시의 매력을 높이는 등 다양한 사회적 가치를 창출하는 중요한 수단으로 인식되기 시작했다. 케빈 린치(Kevin Lynch, 1960)는 「The image of the city, 도시 이미지론」[1]에서 인간이 거주

---

1   도시 이미지를 크게 5개로 분류했다. 1. 통로(paths): 이동의 경로, 복도, 가로, 보도, 수송로, 운하, 철도, 고속도로 등 2. 경계(edges): 지역 또는 지구를 다른 부분으로부터 구분할 수 있는 선형적 영역들, 해안, 철도 모서리, 개발지 모서리, 벽, 강, 철도, 옹벽, 우거진 숲, 고가도로, 늘어선 빌딩들 등 3. 지역(districts): 인식 가능한 독자적 특징을 지닌 영역 4. 결절(nodes): 도시의 핵, 통로의 교차 또는 집중점, 접합점, 광장, 교통시설, 로터리, 도심부 5. 랜드마크(landmarks): 시각적으로 쉽게 구별될 수 있기 때문에 관찰자가 외부에서 바라보는 주위 경관 속에서 두드러지는 요소로 통로의 교차점에 위치하면 보다 강한 이미지 요소가 됨. 탑, 오벨리스크, 기념물 등.

하는 지역의 형태에 대해서 설명했다. 미나토미라이21(みなとみら
い21, 21세기 미래의 항구라는 뜻)은 랜드마크 건축물, 수변 공간, 공
원 등을 통해 새로운 도시 이미지를 형성하고 도시 브랜드 가치를
높였는데 이는 린치의 도시 이미지 론에서 강조하는 도시 정체성
회복과 일맥상통한다.

이러한 시대적 흐름 속에서 등장한 일본 요코하마의 미나토미
라이21 프로젝트는 도시재생의 성공적인 모델로 손꼽힌다. 쇠락
해가던 항만 지역에 첨단 건축물, 문화 시설, 쾌적한 공원 등을 조
성하여 국제적인 도시로서의 위상을 확립했으며, 장기적인 도시
계획, 민관 협력, 혁신적인 디자인, 시민 참여 등을 통해 도시 경쟁
력을 강화하고 삶의 질을 향상시켰다. 특히 문화 예술과 관광 콘
텐츠를 적극적으로 도입하여 도시의 매력을 높이고 지속 가능한
개발을 추구하며 미래 세대를 위한 도시를 만들었다. 이처럼 미나
토미라이21은 도시재생이 도시 환경 개선을 넘어 도시의 미래를
새롭게 디자인하는 창조적인 과정임을 증명하며, 전 세계 도시들
에게 귀감이 되고 있다. 이 글은 미나토미라이21이 어떤 과정을 거
쳐 도시재생에 성공을 이루었는지, 그리고 성공을 이끈 다양한 요
인들은 무엇이었는지 등을 심층적으로 분석하여 각 요인별 구체
적인 사례를 살펴보았다.

2 미나토미라이21 프로젝트의 배경과 과정

1) 요코하마 항만 도시의 역사와 변화

개항 이후 요코하마항에는 외국인 거류지와 일본인 거주지가 분리는 되었지만 개항장이라는 공간에서 상업무역이 활성화되었다. 요코하마 경제는 생사(生絲) 무역상, 스카프 산업, 나염업 등이 주력산업이었고 근대적 항만을 조성하기 위하여 1889년 제1기 축항공사와 신항 부두를 중심으로 1914년 제2기 축항공사를 실시했다.

그러나 1923년 관동대지진 발생 이후 요코하마항에 거주하던

(위) 1889년 제1기 축항공사
(아래) 1914년 제2기 축항공사
(출처: 미쓰이 스미토모 트러스트 사이트)

외국인은 물론이고 일본인마저도 고베항으로 이동을 했고 요코하마는 항구와 산업의 문제만이 아닌 고토 신페이(後藤新平)의 「제도부흥론(帝都復興論)」²과도 결부되어 제도개조론에까지 이르렀다.

하지만 상업·공업중심지로 발전한 요코하마가 제2차 세계대전 발생으로 또다시 도시의 절반이 파괴되었다. 이에 요코하마항은 연합군 최고사령부(GHQ)의 정책에 따라 식량·물자 등의 반입

(위) 1923년 지진으로 폐허화된 요코하마 세관 부근
(아래) 1934년 「제도부흥론(帝都復興論)」의 일환.
요코하마 세관 완성
(출처: 미쓰이 스미토모 트러스트 사이트)

---

2   고토가 일본 제도의 바람직한 모습을 전망한 원대한 도시계획론이다. 그 부흥론의 근본책은 구미 최신의 도시계획을 채택해 도쿄를 일본의 제도에 걸맞은 도시로 만들고, 그 신도시 실현을 위해서는 지주에게 단호한 태도를 취해야 한다고 한 것이었다. 이에 1923년 9월 하순 고토의 의향에 따라 내무성 기사 마키히코시치(牧彦七)가 요코하마에 파견되어 요코하마의 부흥에 착수했다.

창구가 되었고 관내·관외지구의 대부분이 미군에 접수되어 부흥이 늦어졌다. 그러나 한국전쟁을 계기로 무역액은 전쟁 전 수준에 이르렀고 요코하마시는 항만기능 확충을 실시해 부두 일대를 재정비했다. 1950년대 중·후반부터 일본경제는 매립사업과 함께 항만시설과 공업지대 조성을 통해 급성장을 이루었고 도쿄의 인구 과잉으로 요코하마시로의 인구이동이 연간 7만~10만 명에 이를 정도로 급증하였다. 이에 요코하마는 도시스프롤 현상[3], 인프라 부족, 환경문제 등으로 도쿄의 위성도시로 전락할 위기에 직면하게 되면서 1950년대부터 「항만법 개정」을 시작으로 본격적인 도시재생을 시도하게 되었다.

2) 미나토미라이21 도시재생 배경

요코하마는 고도성장기에 도쿄 중심의 일극 체제 속에서 교외 확산이 심화되어 간나이(関内)·이세자키초(伊勢佐木町) 지역과 요코하마역 주변 지역이라는 두 개의 독립된 도심이 형성되면서 도시 기능이 비효율적으로 분산되는 문제를 겪었다. 이에 따라 도쿄의 베드타운화 문제를 해결하고 도시 기능을 효율적으로 통합하기 위해 1965년 아스카타 이치오(飛鳥田一雄) 시장은 요코하마를

---

3   도시가 급속히 발전하면서 도심부에서 주변으로 무질서·무계획적으로 시가지 개발이 불규칙하게 확산되는 현상으로 대도시로의 인구 집중, 지가 급등이 원인이 되어 발생한다. 이에 계획적인 가로 형성이 되지 않고 도로와 상하수도 등의 인프라 정비가 이루어지지 않아 계획적인 도시 건설이 요구된다.

자립 도시로 발전시키기 위한 6대 사업⁴을 발표했다. 이 사업의 목표는 항만 도시, 공업 도시, 주택 도시로서 각각의 문제점을 해결하고 도쿄에 대응할 수 있는 개성 있는 자립 도시를 만드는 것이었다.

요코하마시는 6대 사업 중 도심부 강화 사업을 통해 양극화된 도심 사이의 부두, 조선소 등의 기능을 이전하고, 임해부에 자립적인 도시 기능을 집적시켜 도시 구조를 개선하고자 했다. 특히 미쓰비시 지구 재개발을 통해 도시 기반을 강화하고, 새로운 도심을 창조하며, 바다와 녹지를 활용한 축선을 구축하여 업무, 상업, 문화 시설을 조성하고 보행자 공간을 확보하는 데 중점을 두었다. 이 사업은 요코하마역과 사쿠라기초(桜木町)역 사이의 해안에 총 186ha 규모로 조성되었으며, 그중 76ha는 매립 부지로, 중앙지구, 신항지구, 요코하마역 동쪽 출구 등이 포함된다.

3) 프로젝트의 주요 단계별 추진 과정

다음은 프로젝트의 주요 단계별 추진 과정에 대해서 알아보고자 한다. 사업추진 과정에서 요코하마시를 비롯해 민간기업과 시민들이 어떻게 협력하고 상호의견을 조율해 가는지에 대해서

---

4   내용은 ①요코하마 미나토미라이21 지구의 조성을 포함한 도심부 강화 사업 ②가나자와지대 매립사업으로 인한 공업지역과 주택지 조성 ③고호쿠(港北) 뉴타운 건설사업 ④고속도로망 건설사업 ⑤고속철도(지하철) 건설사업 ⑥베이브릿지 건설사업 등이다.(宮腰繁樹,「6大事業の基本理念」,「特集6大事業の経過と今後の方向」,「調査季報』28号, 横浜市都市経営局政策課, 1971, pp.2-9).

살펴볼 것이다.

미나토미라이21 사업계획과 착공까지의 추진 과정

미나토미라이21 프로젝트는 1965년부터 구상을 시작하여 현재까지 장기간에 걸쳐 진행되고 있는 대규모 도시개발 사업으로 크게 세 단계로 나누어 볼 수 있다.

1단계는 구상 단계(1965~1982년)로서, 1965년 요코하마시가 '도심부 강화 사업'을 발표하고 미나토미라이21 프로젝트의 구상을 시작한 이후, 1967년 아스카타 이치오 시장과 미쓰비시 중공업 고노 후미히코(河野 文彦) 사장의 만남을 통해 미쓰비시 중공업 이전 문제를 본격적으로 논의하기 시작했다. 당시 대형 유조선 수요 급증으로 조선소 확장이 필요하다는 의견이 우세했지만, 이후 국제적인 조선업 불황과 해외 경쟁 심화로 인해 미쓰비시 중공업의 이전 협상은 쉽게 진행되지 못했다. 요코하마시는 미쓰비시 중공업의 조선소를 현재 위치에서 혼모쿠(本牧)나 가나자와(金沢)의 매립지로 이전하고, 이전 부지를 시에서 정한 가격으로 분양하되, 이전 후의 조선소 터는 시에서 인수하지 않고 사쿠라기초 지역 재개발에 활용할 수 있도록 제안했다. 1969년 환경 개발 센터는 미쓰비시 도크 주변 지역을 재개발하여 약 40ha 규모의 새로운 업무 중심지를 조성하는 계획을 세우고 시에 제출했다. 이 계획은 25~30년에 걸쳐 단계적으로 진행될 예정이며, 1단계에서는 주택과 상업 시설 등을 건설하고, 2단계에서는 국제적인 시설과 도시설비를 조성하는 것을 목표로 한다. 총 개발 규모는 33.68ha이며, 사업비는 공공 부문과 민간 부문에서 각각 93억 엔과 1,520억 엔이 투입될 예정이다.

또한 요코하마시는 1960년대 후반부터 도시개발에 걸림돌이 되던 도심의 국철 화물역 이전을 추진했다. 특히 다카시마(高島)야드와 사쿠라기초역 뒤의 화물역이 큰 문제였는데, 1968년 아스카타 시장은 국철 총재 이시다 레스케(石田礼助)와의 면담을 통해 이전의 필요성을 강력하게 주장했다. 이후 몇 차례의 협상과 연구 끝에 1971년 히가시요코하마(東橫浜) 화물역을 하네자와(羽沢)로 이전하기로 결정했지만, 다카시마야드는 1995년까지 완전히 폐지되지 못했다. 현재 다카시마야드 자리에는 지하 터널을 통해 네기시선이 지나가고 있으며 이 지역은 토지구획 정리 사업을 통해 새로운 도시 공간으로 탈바꿈했다.

다음 과제는 미쓰비시 중공업이 이전한 터를 어떻게 활용할 것인가에 관한 활용방안이었다.[5] 1969년 미쓰비시 중공업과 미쓰비시 지소(三菱地所, 부동산 개발업체)는 요코하마 조선소 부지를 매입하여 새로운 도시를 개발하기로 합의하고, 이를 위해 새로운 회사를 설립했다. 요코하마시 역시 개발 계획에 참여하여 도시 계획에 대한 의견을 제시하고 개발 과정에 관여하기로 했다. 하지만 버블 경기 시대를 맞아 미쓰비시 지소는 개발 리스크를 줄이기 위

---

5   田口俊夫, 「橫浜みなとみらい21中央地区における開発方式の詩系列的分析」, 『日本建築学会計画系論文集』 第82巻 第735号, 2017, pp.1175-1185.

해 공공 부문의 지원을 적극적으로 요청했고, 특히 국제 회의장과 같은 대규모 시설 건설을 통해 민간 개발에 필요한 인프라를 확보하고자 했다. 그러나 임항 지역의 관리 주체가 건설성과 운수성의 소관으로 나뉘어져 있어 부지용도 변경에 어려움을 겪는 등 다양한 제도적인 문제점이 발생했다.

1978년, 미쓰비시 지소와 미쓰비시 중공업은 요코하마 조선소 부지 매입을 두고 팽팽한 협상을 벌였다. 부지 매입 가격과 공공시설 설치비용 분담을 놓고 양측은 물론, 요코하마시까지 가세하여 다양한 의견을 제시하며 협상을 진행했다. 특히 요코하마시는 도시개발 사업의 지연 시 협정이 해제될 수 있다는 조항을 포함시켜 사업 추진을 독려했다. 결국, 2년간의 긴 협상 끝에 양측은 부지 매입 가격과 개발 조건에 합의하고, 미쓰비시 지소는 조선소 부지를 매입하여 새로운 도시 건설을 위한 첫걸음을 내딛게 되었다. 1983년 미쓰비시 중공업, 미쓰비시 지소, 요코하마시는 도크 터 개발을 위해 협약을 맺고, 미쓰비시 중공업은 도크 터 일부를 공공에 기증했다. 이는 요코하마시의 사회적 책임 요구에 따른 것으로, 미쓰비시 계열사들은 토지구획 정리사업을 통해 요코하마시에 5ha, 주도(住都)공단(현재 UR도시기구)에 3ha, 총 8ha의 토지를 공공에 기부하고, 대신 개발 가치가 높은 지역의 토지를 분배받아 개발 이익을 얻는 방식으로 상호 이익을 추구했다. 특히, 미쓰비시 중공업은 소유 부지를 미쓰비시 지소에 매각하고 요코하마시가 이 부지를 임차하여 니혼마루(日本丸) 메모리얼 파크를 조성하는 과정에서도 유리한 조건으로 토지를 교환하며 이익을 얻었다.

미나토미라이21 개발은 초기에는 미쓰비시 지소가 주도했지만, 사업이 확대되면서 요코하마시와 도시개발공단 등 공공 기관의 참여가 확대되어 공공과 민간이 함께 추진하는 대규모 프로젝트로 발전했다. 특히, 토지 매입과 공공시설 건설 등에 있어 공공기관의 역할이 중요했다. 186ha 부지에 19만 명의 일자리와 1만 명의 주민을 수용하는 것을 목표로 추진된 이 프로젝트는 1983년 조선소 이전을 시작으로 본격화되었고, 환경 영향 평가와 토지 구획 정리 사업 인가를 거쳐 '미나토미라이21'이라는 이름으로 확정되었다. 이처럼 공공과 민간의 협력 체계는 미나토미라이21 개발의 성공적인 모델로 평가받고 있다.

미나토미라이21 사업 착공 및 개요

1983년 11월 미나토미라이21 개발 사업의 착공을 알리는 착공식이 거행되었고, 이듬해인 1984년에는 사업을 총괄하기 위해 요코하마시와 주요 토지 소유주들이 참여한 제3섹터 기업인 '(주)요코하마 미나토미라이21'이 설립되었다. 이 회사는 다양한 분야의 전문가들로 구성되어 미나토미라이21 개발 사업을 성공적으로 이끌어나가는 중심적인 역할을 수행했다.

미나토미라이21 사업은 크게 세 가지 목표를 가지고 추진되었다.

(좌) 미나토미라이21 항공 조감도(1965년 촬영)
(우) 미나토미라이21 항공 조감도(2023년 촬영)
(출처: 『미나토미라이 MEMORIAL BOOK 1983-2023』)

첫째, 요코하마시의 자립성을 강화하고자 했다. 기존에는 요코하마시가 두 개의 분리된 도심으로 나뉘어 있어 도시 기능이 효율적으로 작동하지 못했다. 미나토미라이21 사업을 통해 이 두 개의 도심을 하나로 통합하고, 기업, 쇼핑, 문화 시설 등을 집적하여 시민들에게 더 많은 일자리를 제공하고 경제 기반을 확립하고자 했다. 둘째, 항만 기능을 질적으로 전환하고자 했다. 기존의 항만 시설 중 일부를 공원과 녹지로 조성하여 시민들이 편안하게 휴식을 취하고 여가를 즐길 수 있는 워터프론트 공간을 만들었다. 또한, 국제 교류 기능과 항만 관리 기능을 집적하여 요코하마시를 국제적인 도시로 만들고자 했다. 셋째, 수도권의 업무 기능을 분담하고자 했다. 그동안 도쿄에 집중되어 있던 업무 기능을 요코하마로 분산시켜 수도권의 균형 발전에 기여하고자 했으며 미나토미라이21을 통해 업무, 상업, 국제 교류 등 다양한 기능을 집적하여 새로운 도시 중심지를 만들고자 했다.

그렇다면 미나토미라이21 프로젝트의 사업추진 재원 조달 방식은 어떠하였는가? 미나토미라이21 프로젝트는 요코하마시를 중심으로 공공과 민간이 협력하여 추진된 대규모 도시개발 사업이다. 요코하마시는 토지 확보와 기반 시설 정비 등 공공 부문의 역할을 담당하며 도시 재개발 기금, 지방채 발행 등을 통해 필요한 자금을 마련했다. 반면, 미나토미라이21 주식회사는 민간 기업으로부터 투자를 유치하고 토지 매각 등을 통해 수익을 창출하여 상업 시설 확충과 주거 단지 개발 등에 투자를 확대했다. 또한 국고 보조금, 기부금, 융자 등 다양한 재원 조달 방식을 활용하고, 대기업들의 적극적인 참여를 이끌어냄으로써 프로젝트의 성공적인 추진을 위한 자금을 확보했다.[6]

다음은 미나토미라이21에 어떤 건물과 시설들이 재생되어 갔는지에 대해서 알아보고자 한다.

가구(街區) 개발에 따른 다채로운 도시재생

미나토미라이21 지구는 크게 중앙지구(中央地区), 신항지구(新港地区), 요코하마역 동쪽 출구지구(横浜駅東口地区)로 구분할 수 있다.

---

6   MINATOMIRAI 21 Information, 「みなとみらい21の計画概要と個別事業」vol85, 2014, pp.1-4; 横浜市(https://www.city.yokohama.lg.jp/) 검색일:2024.7.25.

각 지구마다 건축된 대표적인 사례[7]에 대해서 구체적으로 기술하는 것이 내용 이해에 도움이 되나, 본 장에서는 지면상 몇 개의 사례만 제시한다.

　　미나토미라이21의 중앙지구는 1989년 요코하마 박람회를 기점으로 본격적인 개발이 시작되어 요코하마 마리타임 뮤지엄(현, 요코하마 미나토 박물관), 요코하마 미술관, 파시피코 요코하마 등 다양한 문화 시설과 국제 회의장이 들어서며 주목받기 시작했다. 특히 1993년에 완공된 요코하마 랜드마크 타워를 중심으로 퀸즈 스퀘어, 일본석유빌딩 등 대규모 건물들이 들어서면서 미나토미라이21은 국제적인 도시로 성장했다. 과거 미쓰비시 조선소의 도크였던 자리에는 시민 이벤트 공간인 도크야드 가든이 조성되었고, 2004년 미나토미라이선 개통 이후 닛산자동차 등 대기업들의 본사 이전이 이어지면서 미나토미라이21은 더욱 발전했다.

　　미나토미라이21의 신항지구는 일본 최초의 근대식 항구로, 메이지 시대부터 다이쇼 시대에 걸쳐 건설되어 요코하마의 역사를 고스란히 간직하고 있는 곳이다. 미래 지향적인 중앙지구와는 달리, 신항지구는 항구의 역사와 정취를 느낄 수 있는 여유로운 분위기의 거리로 조성되었으며, 그 중심에는 요코하마의 상징인 아카렌가 창고가 자리하고 있다. 요코하마의 상징, 아카렌가 창고에

7　　공미희, 「요코하마 항만 재개발을 통한 도시재생의 성공 모델:미나토미라이21 사례 연구」, 공동주최(동서대학교 동아시아연구원 중국연구센터 인문사회연구소사업단·국립부경대학교 인문사회과학연구소 HK+사업단) 제3차 국내학술대회, 2024.8.24. 발제 참조.

관동대지진 당시 피해를 입은 아카렌가 창고
(출처: 요코하마 아카렌가 역사 사이트)

대해서 좀 더 구체적으로 알아보자.

아카렌가 창고(赤レンガ倉庫, 붉은 벽돌 창고라는 뜻)는 1호관과 2호관의 2동으로 구성된다. 시설 규모는 모두 지상 3층, 높이 약 18m이고, 부지 면적은 약 14,000㎡이며 현재 1호관은 문화 시설, 2호관은 상업 시설로 이용되고 있다. 이 창고는 요코하마항의 제 2기 축항 공사(1899년)에서 보세창고[8]로 만들어졌다. 2호 창고는 1907년에 착공해 1911년에 준공했고, 1호 창고는 1908년에 착공해 1913년에 준공했다. 1호 창고는 일본 최초의 화물용 엘리베이터와 소화수전(스프링클러), 방화문 등을 갖춘 일본이 세계에 자랑하는 최신예 창고였다. 그러나 1923년 관동대지진으로 2호 창고는 붕괴를 면했지만 1호 창고는 중앙 부분이 무너져 내리는 등 큰 피해를 입었다.

_____

8   해외에서 운반된 수입절차가 끝나지 않은 물자를 일시적으로 보관하는 시설을 말한다.

지붕 보수 공사 전과 후의 아카렌가 창고
(출처: 요코하마 아카렌가 역사 사이트)

아카렌가 창고는 관동대지진 이후 대규모 수리가 이루어지지 않아 건물의 노후화가 심각했고, 제2차 세계대전 당시 군사 물자 보급 기지로 사용되면서 더욱 손상되었다. 전쟁 후에도 계속해서 사용되었지만, 컨테이너화 시대가 오면서 기능을 상실하고 폐기될 위기에 처했다. 하지만 요코하마시의 도시재생 계획에 따라 역사적 가치를 인정받아 1994년부터 1999년까지 대대적인 보수 공사를 거쳐 현재의 모습을 갖추게 되었다. 이 공사를 통해 지붕과 창문을 보수하고, 낙서를 제거하며, 건물 구조를 보강하여 안전성을 확보했다.

1999년, 아카렌가 창고는 '항의 북적임과 문화를 창조하는 공간'이라는 새로운 비전을 가지고 재생 사업을 시작하여 2002년에 문화 시설과 상업 시설로 새롭게 단장했다. 개장 이후 폭발적인 인기를 얻으며 요코하마를 대표하는 문화 공간으로 자리매김했고, 2011년에는 누적 방문객 5천만 명을 돌파하며 그 인기를 실감

케 했다. 또한, 근대화 산업 유산으로 지정되고 유네스코 문화유산 보전상을 수상하며 역사적, 문화적 가치를 세계적으로 인정받았다. 현재까지도 아카렌가 창고는 요코하마 시민들의 사랑을 받으며 도시의 역사와 미래를 함께하는 상징적인 공간으로 자리매김하고 있다.

3 미나토미라이21 성공 요인 분석

1) 장기적인 계획과 단계별 추진 전략

미나토미라이21의 성공적인 도시재생은 장기적인 비전을 가지고 추진되었다는 점이 큰 특징이다. 1988년에 설립된 '미나토미라이21 마치즈쿠리협의회'를 통해 도시의 미래 모습을 구체적으로 그려내고, 1983년부터 2020년까지를 목표로 하는 장기적인 마스터플랜을 수립했다. 이 마스터플랜은 도시개발에 관한 계획과 규칙을 자주적으로 정하고 지역 관리에 대한 내용까지 포함하여 미나토미라이21 프로젝트의 성공적인 추진을 위한 기반을 마련했다. 미나토미라이21 마스터플랜에 대해서 더 구체적으로 알아보자.

먼저, 토지 이용 계획 면에서 상업, 업무, 주거, 문화, 공원 등 각 기능별로 구역을 명확하게 설정하여 도시기능을 효율적으로 분리하고 연계했다. 그리고 해안 공간을 활용하여 상업 시설과 문화 공간을 조성했으며 시민들에게 쾌적한 휴식 공간을 제공하고, 도시의 매력을 높였다. 둘째, 대중교통 중심의 교통 시스템을 구축하여 교통 혼잡을 해소하고 환경오염을 줄였다. 그리고 보행로와 자전거 도로를 확충하여 보행자 중심의 도시 환경을 조성했고 또 다양한 교통망을 연결하여 주변 지역과의 접근성을 향상시켰다. 셋째, 에너지 효율이 높고 친환경적인 건축물을 도입하여 에너지 소비를 줄이고 탄소 배출량을 감소시켰다. 넷째, 세계적인 수준의 미술관, 박물관을 건립하여 문화 예술 도시로서의 위상을 높였다. 또 대규모 공연장을 건립하여 다양한 문화 행사를 개최하고, 시민들에게 문화 향유 기회를 제공했으며 역사적 가치가 있는 건축물과 유적을 보존해 이를 활용한 관광 자원을 개발했다. 이 외에도 스마트 시티 구축, 재난 대비 시스템 등을 구축했다.

미나토미라이21 마스터플랜은 단기적인 성과보다는 도시의 장기적인 발전을 위해 미래 모습을 구체적으로 설정하고, 이를 달성하기 위한 단계별 목표와 전략을 제시하는 데 초점을 맞췄다. 초기 단계에는 도시의 기반 시설을 구축하고, 후기 단계에는 문화 콘텐츠 개발에 집중하는 등 시대별로 중점을 달리하여 추진했다. 그 결과 미나토미라이21은 시민들이 살기 좋은 도시, 미래 세대를 위한 도시로 조성되었으며, 부산 북항 재개발과 같은 다른 도시개발 프로젝트에도 시사하는 바가 큰 지속가능한 도시개발의 성공적인 모델로 자리매김했다.

2) 민관 협력 체계 구축 및 시민 참여 유도

미나토미라이21 프로젝트의 성공은 정부, 민간 기업, 시민 사회가 긴밀하게 협력하고 시민들의 참여를 적극적으로 유도한 결과이다. 요코하마시는 프로젝트 초기부터 시민들의 의견을 수렴하고, 민간 기업의 전문성과 자본을 활용하며, 시민 참여를 위한 다양한 채널을 마련하는 등 민관 협력 체계를 구축하는 데 힘썼다. 특히, 미나토미라이21 주식회사를 설립하여 공공 부문의 행정력과 민간 부문의 효율성을 결합하고, 다양한 인센티브를 제공해 규제를 완화하며 정보를 공개하는 등 민간 기업의 참여를 적극적으로 유도했다.

그 결과, 미쓰비시 중공업, 미쓰이 부동산, 히타치, 후지쯔, 닛산 자동차 등 다양한 대기업들의 참여로 더욱 성공적으로 추진되었다. 각 기업들은 자사의 전문 분야를 살려 랜드마크 건설, 상업 시설 개발, 스마트 시티 구축 등 다양한 분야에서 기여했다. 예를 들어, 미쓰비시 중공업은 요코하마 랜드마크 타워 건설을 주도하며 첨단 기술과 건축 노하우를 제공했고, 미쓰이 부동산은 퀸즈스퀘어 요코하마 등 대규모 상업 시설을 개발하여 지역 경제 활성화에 기여했다. 또한, 히타치와 후지쯔는 정보통신기술(ICT) 인프라 구축을 통해 스마트 시티를 구축하는 데 앞장섰다. 이 외에도 다양한 중소기업들이 참여하여 지역 경제 활성화에 기여했으며, 미나토미라이21 프로젝트는 토지 매각, 건물 분양 및 임대, 프로젝트 파이낸싱 등 다양한 민간 투자 방식을 활용하여 자금을 조달

함으로써 공공 부문의 재정 부담을 줄이고 민간 부문의 전문성과 창의성을 적극적으로 활용하여 성공적인 도시재생을 이루어냈다.

또한 요코하마시는 민간 기업, 지역 주민, 전문가 등으로 구성된 '협력위원회'를 운영하여 다양한 의견을 수렴하고 조율했으며, 이를 통해 사업의 투명성과 공정성을 확보하고 이해관계자 간의 갈등을 최소화했다. 그리고 프로젝트 관련 정보를 적극적으로 공개하고, 설명회, 공청회, 설문 조사 등 다양한 방식으로 시민들의 의견을 수렴하여 시민들의 불안감을 해소하고 신뢰를 구축했다. 더 나아가, 시민 모니터링 제도를 도입하여 시민들이 프로젝트 진행 상황을 감시하고 평가할 수 있도록 함으로써 프로젝트의 투명성과 책임성을 높이고 시민들의 참여 의식을 고취시켰다. 이러한 노력들은 시민들의 이해와 지지를 확보하고, 지역 사회의 요구를 반영하는 데 기여하여 프로젝트의 성공적인 추진에 결정적인 역할을 했다.

3) 문화, 예술, 관광 등 다양한 콘텐츠 개발 및 활용

미나토미라이21 프로젝트는 도시재생과 함께 문화, 예술, 관광 등 다양한 콘텐츠 개발 및 활용을 통해 매력적인 도시 환경을 조성하고 지역 활성화를 이끌어낸 성공적인 사례이다.

먼저 문화 예술 공간 조성 및 활용 부분에 대해서 살펴보자.

요코하마 미술관은 다양한 전시를 통해 시민들에게 풍부한 문화 예술 체험을 제공하고 있다. 국내외 작품을 소개하는 기획전, 미술관 소장품을 선보이는 컬렉션 전시, 젊은 작가를 지원하는 전시, 그리고 세계적인 현대 미술의 흐름을 보여주는 요코하마 트리엔날레 등 다양한 프로그램을 운영하며, 예술이 사회와 개인에게 미치는 영향에 대해 깊이 있게 고민하고 있다. 특히, 요코하마 트리엔날레는 3년마다 개최되어 요코하마를 국제적인 현대 미술의 중심지로 만들기 위한 노력의 일환으로 자리매김했다. 또한, 미술관은 다양한 교육 프로그램을 통해 시민들이 직접 예술을 체험하고 창작할 수 있는 기회를 제공하며 예술과 도시의 상생 발전을 위해 노력하고 있다.

요코하마 아카렌가 창고는 1859년 개항 이후 요코하마의 역사를 이어받아 다양한 문화가 교류하는 문화 창조의 중심지로 자리매김했다. 특히, 1996년부터 시작된 요코하마 댄스 컬렉션은 전 세계 안무가들을 발굴하고 육성하며 춤 문화를 선도하고 있다. 2005년부터 시작된 '아트 링크 in 요코하마 아카렌가 창고'는 매년 겨울, 예술과 스케이트를 결합한 다채로운 프로그램을 통해 시민들에게 즐거움을 선사한다. 이처럼 요코하마 아카렌가 창고는 1호관 3F홀과 2F스페이스를 중심으로 다양한 문화 예술 프로그램을 운영하며 시민들에게 문화 향유 기회를 제공하고 있다.[9]

파시피코 요코하마 국립 대홀은 동일본 최대 규모의 국제 회의장으로 다양한 행사를 수용할 수 있는 유연하고 현대적인 시설

---

9   横浜赤レンガ倉庫1号館(https://akarenga.yafjp.org/about/)
     검색일: 2024.8.5.

을 갖추었다. 국립 대홀, 전시 홀, 아 넥스 홀 등 다양한 크기와 기능의 공간을 보유하여 대규모 콘서트, 전 시회, 회의, 스포츠 이벤트 등 다양 한 행사 개최가 가능하다. 2023년 국제 아트 페어 'Tokyo Gendai' 개 최 시 일본 최초로 아트 페어 회장

파시피코 요코하마 국립 대홀
(출처: ㈜토아 사이트)

전체를 보세 지역으로 지정하여 해외 작품 전시를 위한 최적의 환 경을 조성함으로써 국내 미술 시장의 성장에도 기여했다. 요코하 마항을 바라보는 아름다운 경관과 함께 예술, 문화, 비즈니스가 어우러지는 복합 문화 공간으로 자리매김하며 요코하마의 랜드마 크로 자리매김하고 있다.

다음은 해양 문화를 활용한 관광 콘텐츠에 대해서 살펴보자.

요코하마 코스모월드는 무료 입장이지만 놀이기구별로 요금 을 내고 이용하는 방식으로 운영된다. 세계 최대 규모의 대관람차 인 코스모클락21은 요코하마를 대표하는 랜드마크로, 낮에는 360 도 파노라마를, 밤에는 화려한 야경을 감상할 수 있어 많은 사람 들이 찾는다. 물속으로 뛰어드는 듯한 스릴 넘치는 '다이빙 코스 터 바니쉬!'와 급류를 타고 내려오는 '클리프 드롭' 등 다양한 놀 이기구와 영하 30도의 극한 체험을 할 수 있는 '아이스월드'까지

아스카 Ⅱ호

남녀노소 누구나 즐길 수 있는 다채로운 시설을 갖추고 있다.[10]

요코하마항 오산바시 국제여객선 터미널은 일본 최대 규모의 여객선인 아스카Ⅱ호의 모항으로 유명하며 다양한 크루즈 여행을 즐길 수 있는 곳이다. 아스카Ⅱ호는 고급스러운 객실과 다양한 엔터테인먼트 시설을 갖추고 있어 최고급 크루즈 여행을 경험할 수 있도록 해준다. 여름 축제나 불꽃놀이를 테마로 한 크루즈는 편리한 교통과 숙박을 제공하며 직장인들을 위한 원 나이트 크루즈도 인기이다. 장기간의 해외 크루즈나 세계 일주 크루즈도 운항되어 다양한 여행객들의 필요를 충족시킨다. 오산바시 터미널은 여러 척의 대형 여객선이 동시에 정박할 수 있는 규모를 자랑하며, 요코하마항에서 가장 큰 규모이다.

미나토미라이 축제는 크게 세 가지로 분류할 수 있다.

미나토미라이21 지구의 임항 파크에서 매년 오봉(추석) 전후로 개최되는 '미나토미라이 오봉오도리 축제'는 지역 주민과 기업, 단체, 자치단체가 함께 어우러져 즐기는 지역 밀착형 이벤트이다. 2008년부터 시작된 이 축제는 지역 사회 공헌을 목표로 하며 임항 파크 남쪽 출구 광장에 망루를 설치하고 오봉오도리를 비롯해 간

---

10   コスモワールド(http://cosmoworld.jp) 검색일:2024.8.2.

이음식점, 잿날, 비어 가든(beer garden) 등 다양한 부대행사를 운영한다. 요코하마를 대표하는 캐릭터들이 등장하여 축제 분위기를 더욱 고조시키고, 지역 내 3대 호텔이 참여하는 카레 경연 대회는 미식을 즐기는 방문객들에게 특별한 경험을 선사한다.

　미나토미라이에서는 오봉오도리 축제 외에도 매년 한여름 밤에 화려한 불꽃놀이를 중심으로 한 '미나토미라이 스마트 페스티벌(MMSF)'이 개최된다. 2018년부터 시작된 MMSF는 지역 기업들이 주축이 되어 환경을 보호하면서 경제와 문화를 발전시키는 새로운 가치를 창출하고 'SDGs 미래 도시·요코하마'라는 비전을 알리기 위한 축제이다. 25분 동안 약 2만 발의 불꽃이 밤하늘을 수놓는 화려한 불꽃놀이를 비롯해 '요코하마 CYGNET의 댄스', '대도예 퍼포먼스' 등 다양한 볼거리가 준비되어 있다. 축제의 마지막 날에는 소리와 빛을 조화롭게 연출하는 'Sky Symphony in Yokohama' 프로그램이 진행되어 항구 도시 요코하마의 밤을 더욱 아름답게 빛내준다. MMSF는 누구나 함께 즐길 수 있는 다채로운 프로그램으로 구성되어 있으며 요코하마의 전통 문화와 현대적인 감각이 어우러진 특별한 축제이다.

　또 미나토미라이 축제로 'STREET MUSIC'을 들 수 있다. 미나토미라이 퀸즈스퀘어 요코하마는 2014년부터 스트리트 뮤지션들에게 정식 공연 기회를 제공하고, 2023년부터는 'Music Port YOKOHAMA' 프로젝트를 통해 미나토미라이를 음악 도시로 만들고자 17개의 새로운 공연 무대를 운영하고 있다. 매년 공모를 통해 엄격한 심사를 거쳐 선정된 아티스트들에게 1년간 유효한 공연 패스를 발급하며 선정된 아티스트들은 직접 공연을 기획하고 운영한다. 작년에는 232명이 지원하여 81명의 아티스트가 선정되었으며, 이들은 전용 예약 시스템을 통해 공연장을 예약하고 공연 당일에는 장비 설치부터 철수까지 모든 과정을 직접 담당하고 있다.

마지막으로 '벚꽃 축제'를 들 수 있다. 미나토미라이21 지구의 대표적인 벚꽃 명소인 '벚꽃 거리'를 중심으로 매년 봄에 열린다. 벚꽃 거리는 JR 사쿠라기초역에서 요코하마 랜드마크 타워, 파시피코 요코하마까지 이어지는 약 500m 길이의 벚꽃 길로, 100여 그루의 왕벚나무가 만개하여 아름다운 벚꽃 터널을 만들어낸다. 축제 기간 동안에는 벚꽃 거리를 차 없는 거리로 만들고 퍼레이드, 미식 거리, 줄다리기 대회 등 다채로운 행사가 펼쳐진다. 주변 시설들과 연계하여 벚꽃 조명, 특별 메뉴 제공 등 다양한 이벤트가 열려 축제 분위기를 더욱 고조시킨다.

4 나가며

이상으로 미나토미라이21 프로젝트에 대한 성공요인으로서 장기적인 계획과 단계별 추진 전략, 민관 협력 체계 구축 및 시민 참여 유도, 문화, 예술, 관광 등 다양한 콘텐츠 개발 및 활용 등에 대해서 살펴보았다.

미나토미라이21은 30년 이상의 장기적인 마스터플랜을 바탕으로 단계별 개발을 추진하여 지속적인 발전을 이끌어냈다. 그리고 민간 투자 유치를 통해 재정 부담을 줄이고 공공과 민간 협력을 통해 사업 추진의 효율성을 높였다. 지역 특성을 살린 차별화된 콘텐츠 개발에 힘썼는데, 항만 도시라는 지역 특성을 살려 랜드마크 타워, 요코하마 코스모월드 등 다양한 관광 명소를 개발하고 문화 예술 행사를 개최하면서 해양 문화, 관광, 레저 등과 연계된 개발을 추진하여 도시의 매력을 높였다는 것을 알 수 있었다. 현재 부산은 북항 재개발이 화두가 되고 있다. 북항 재개발은 미나토미라이21의 성공 요인과 문제점을 면밀히 분석하여 지역 특성을 살린 지속 가능하고 성공적인 도시재생 모델을 구축해야 한다. 특히, 통합적인 거버넌스 구축, 지역 특성을 고려한 맞춤형 개발 전략 수립, 지속 가능한 개발 및 환경 보전, 사회적 약자를 배려하는 포용적 개발, 지역 주민의 적극적인 참여 유도 등을 통해 부산 북항 재개발을 성공적으로 추진할 수 있기를 바란다.

공미희

3장

중국 해역도시의
도시재생

구랑위(鼓浪嶼)의 도시개조 프로젝트[1]

1 들어가며

구랑위는 행정구역상 푸젠성(福建省) 샤먼시(廈門市) 쓰밍구(思明區)에 속한다. 주룽강(九龍江) 하구에 위치하여 샤먼 섬과 루강(鷺江)을 사이에 두고 약 600m 정도 떨어져 있다. 면적은 1.88㎢이고 2023년 쓰밍구 통계국이 발간한 연감에 따르면 등록 인구는 약 12,500명 정도이다. 빼어나게 아름다운 자연 생태 환경과 근대 역사의 기억을 품고 있는 건축물, 이국적이면서도 동시에 민난(閩南) 특유의 문화와 인문 예술적 정취가 충만한 우아한 분위기, 그리고 유네스코 세계문화유산 등재 지역[2]이라는 명성 등으로 인하

---

1   이 글은 필자의 「샤먼 구랑위의 도시재생 연구— 지역정체성을 겸론하여」(『중국학』, 제 88집, 대한중국학회, 2024)의 내용의 일부를 수정 및 편집한 원고임을 밝혀둔다.

2   구랑위는 중국에서 52번째, 푸젠성에서 4번째, 샤먼 최초의 세계문화유산으로 지정되었다.

구랑위의 위치(출처: 美篇 홈페이지)

여 중국 국내외의 주목을 받는 관광지이자 샤먼의 도시문화를 대
표하는 명소 중 하나이기도 하다.

구랑위가 지금의 명성을 얻게 된 것에는 천혜의 자연환경이
공헌한 몫도 적지 않겠으나, 가장 큰 공헌은 역사에 있다. 아편전
쟁 이후부터 1945년까지 근 100년의 세월 동안 구랑위는 외국인

의 거류지였고 해외로부터 다시 돌아온 화교들의 정착지였다. 이러한 내력으로 인하여, 이곳은 '만국건축박물관'과 같은 경관을 자랑하는 '해상낙원'이었던 과거를 재현하는 인문경관과 中-西 융합의 문화적 분위기를 품게 되었다.

중화인민공화국이 건국되고 사회주의 계획경제 시기를 거치는 동안 구랑위의 역사 문화유산의 가치가 크게 드러나지 못하였다가, 개혁개방 이후 진행된 지방 분권화는 구랑위에 새로운 분기점을 마련해 주었다. 1990년대부터 구랑위를 우수한 관광자원으로 개발하고 특화하는 데에 중점을 둔 대대적인 활동이 전개되었다. 20세기 초 구랑위가 가지고 있었던 국제공동체 도시문화를 '재현'함으로써 지역을 '재생'하고자 하였던 중국 정부는 각종 조치들을 취하였고 다양한 사업을 진행하였다. 중국 정부와 민간의 노력에 힘입어 2017년에 구랑위는 유네스코 문화유산에 등재되었고, 연간 수백만에 이르는 사람들의 발길이 머무는 관광지로 자리매김하게 되었다. 이는 지역 경제를 크게 성장시켰다.

이 글에서는 개혁개방 이후 구랑위의 도시 개조 프로젝트를 살펴보고자 한다. 이를 위하여 먼저 이곳의 역사적 배경을 살펴봄으로써 지역 정체성의 변천 및 문화 속성을 확인하고, 다음으로 개혁개방 이후 불어닥친 지역 개발과 재생사업에 있어서 역사 및 문화적 자산이 어떠한 역할을 하였고 지역 공동체에 미친 영향을 분석하여, 도시재생 사업의 방향성 등을 도출하고자 한다.

2 구랑위 지역정체성의 변천

1) 해방(海防)기지에서 반농반어(半農半漁)의 향촌으로

구랑위는 타원형 모양에 주변이 모래사장으로 둘러싸여 있다고 해서 당송 대에는 '원사주(圓沙洲)' 혹은 '원자주(圓仔洲)'라고 불렸다. 섬의 남서쪽에 있는 해식동굴의 바위에 파도가 부딪쳐 나는 소리가 마치 북소리 같다고 하여 '鼓浪嶼'라는 별칭이 붙었는데, 명대 이후에는 구랑위가 정식 지명이 되었다.

대략 명 초에 네이춰아오(內厝澳)를 중심으로 구랑위에 반농반어의 촌락이 형성되기는 하였으나, 명대 전체와 청대 초까지 구랑위는 海防기지로서 역할하였다. 촌락은 건설되었으나 취락지는 일부 공간으로 한정되었고 섬 전체로 보자면 부차적 공간에 머물렀다. 이 시기 정치·군사적 이유로 두 차례의 강제 이주가 시행되어 수년 동안 생산 공백이 발생하는 등 구랑위 주민들은 불안정한 주거 환경에 놓여 있었고 경제 활동은 순탄치 않았다.

타이완을 평정한 청 중기 이후 군사적 기능이 축소되고 공간 구조의 변화와 거주 범위가 확대되었다. 주거 및 생산 환경의 안정성이 확보되면서 새로운 촌락의 형성과 대규모의 농지 개간이 이루어졌고, 해방기지였던 구랑위는 청대 말 반농반어의 향촌으로 지역의 정체성이 변화되었다.

2) 외국인 거류지, 화교 귀환지

외국인 거류지

아편전쟁의 여파로 샤먼이 통상항구로 개항됨에 따라 영국을 필두로 하여 미국, 스페인 등 제국주의 세력들이 구랑위로 들어왔다. 1844년 영국 영사관 건물 건립을 시작으로 하여 곳곳에 각국의 관리, 선교사, 상인 등을 위한 행정, 주거, 종교, 상업, 금융, 교육, 의료 시설 및 묘지 등이 속속 들어섰고 도로 정비 및 공공인프라가 구축되었다.

아편전쟁 직후 60년 동안 제국주의 세력들은 구랑위를 점거하고 '외국인 거류지'로 만들기 위한 각종 작업을 진행했는데, 이러한 작업의 저변에는 향후 구랑위를 자국의 독점 조계지로 만들겠다는 야욕이 깔려 있었다. 1884년부터 1889년까지 영국, 독일, 일본, 미국 등은 지속적으로 청나라를 향해 구랑위 내에 자국을 위한 전용 또는 공동 조계지로 요구한 바 있었으나, 제국주의 세력 간의 상호 이해충돌과 의사 불합치로 인해 실력행사의 시기와 계기를 엿보고 있었을 따름이었다.

1900년 일본이 자국민을 보호하겠다는 구실을 내세우며 샤먼에 군대를 투입하였다. 영국과 미국은 일본의 군사행동에 대응하여 즉각 군함을 급파하였고, 구랑위 일대에서 제국주의 세력 간 군사 대치 상황이 펼쳐졌다. 이에 부담을 느낀 일본이 결국 철병을 결정함으로써 일촉즉발의 사태는 일단락되었다.

조계시기 건축 (출처: 필자 촬영)

이 사건은 청나라가 구랑위를 공공조계로 승인하게 된 직접적
인 도화선이 되었다. 일본이 타이완을 할양받은 직후에 일으킨 무
력 도발은 청의 불안감을 증폭시키기에 충분했다. 이를 기회로 포
착한 미국이 설득에 나서자, 청은 제국주의 세력 간 힘의 균형을
이용하여 샤먼을 수호할 수 있을 것이라 믿고 구랑위를 공공조계
지로 내어주게 된다.

1902년 청나라와 10개국(영국, 미국, 독일, 프랑스, 스페인, 덴마크,
네덜란드, 스웨덴, 노르웨이, 일본)은 「샤먼 구랑위 공공지계장정」(廈
門鼓浪嶼公共地界章程, Land Regulations for the Settlement of Kulangsu,

Amoy)을 공동 체결하였다.[3] 이로써 구랑위는 공식적으로 공공조
계지가 되었고, 이듬해 구랑위 공공조계 공부국(鼓浪嶼公共租界工
部局, Kulangsu Municipal Council)이 설립되었는데 이 기구가 명실
상부 지역의 실질적 지배자가 되었다. 서구의 정치 · 행정 · 사법 제
도, 교육, 문화 등이 이식되었고 구랑위는 본격적으로 외국인을 위
한 공간으로 탈바꿈되기 시작하였다.

화교 귀환지

1878년 이전 구랑위 거주민의 수는 외국인 193명을 포함하여
대략 3,000여 명이었으나 공공조계가 된 이후부터 구랑위의 인구
는 급격히 증가하게 된다. 여러 국가가 공동으로 관리하는 공간이
라는 점에서 구랑위는 중국 내 다른 지역과 비교하여 치안 및 위
생 등 생활 환경이 우수하다는 인식이 확산되었고, 이에 따라 구
랑위로의 이주가 급증하게 된 것이다. 그 결과, 1911년에 구랑위의
인구는 12,000명을 초과하게 되었다.

---

3   1901년 10월부터 청과 각국의 영사들은 구랑위 공공조계 설립과 관련한 회담을 진행
    하였다. 협정의 명칭, 세부 조항, 양측의 관할 범위 등에 대하여 상호 간 이견이 상당하
    였고, 초안을 확인할 당시 청국 관리들 역시 중문본과 영문본에 큰 차이가 있음을 이
    미 인지하였다. 하지만 청 관리들의 무능 무책임 및 상황의 급박함과 불가피성으로 인
    하여, 청은 결국 구랑위에 대한 권리를 상실하였고 제국주의 세력으로부터 "샤먼 공동
    수호[兼護廈門]"의 약속도 받아내지 못한 채, 「샤먼 구랑위 공공지계장정」이 1902
    년 11월 21일 발효되게 된다. 구랑위가 공공조계가 된 자세한 과정과 협정의 중문본과
    영문본의 차이 등은 何其穎, 「租界時期的鼓浪嶼之硏究」, 廈門大學 博士論文,
    2003, pp.10-23 참조.

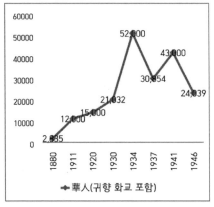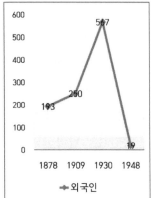

구랑위 인구수 변동 그래프 (단위: 명)

1878년부터 1911년까지 30년 동안 외국인 거주민의 수는 50여 명 증가에 그쳤으나, 중국인 인구는 9,000명 이상 급증하였다. 특히 타이완 및 동남아 등지에서 돌아온 민난 출신 인구, 특히 귀향 화교들의 전입이 구랑위 내 화인 인구수의 폭증을 견인하였다. 화교들의 대규모 이주와 적극적 투자가 활발했던 1920~30년대에는 인구 증가율이 더욱 커졌는데, 1920년에는 15,000명, 1930년에는 21,032명으로 계속 증가하여 1934년에는 역대 최고치인 52,000명을 기록하기도 하였다.

해외에서 거부가 되어 돌아온 화교들은 구랑위 내에 회사를 세우고 부동산업, 금융업, 공업 및 상업 등 다양한 산업의 발전을 견인하였고 구랑위의 공공인프라 건설을 위해 막대한 자금을 쾌척하였다. 구랑위 도시 건설과 발전의 주요 동력이 외국인에서 귀

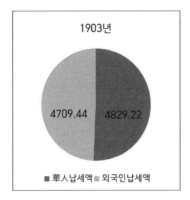

구랑위 산업세 비중 (단위: 元)[4]

향 화교로 전환되었다.

　귀향 화교들이 안정적으로 정착하고 사업을 전개하며 확장하는 모습 및 지역의 경제 성장은 섬 밖의 사람들을 구랑위로 유인하는 작용을 하였다. 사방이 바다로 둘러싸인 지리적 조건과 공공조계지라는 특수한 지위는 혼란하고 불안한 정세하에서 구랑위를 '격리된 섬'에서 '안전한 요새'로 인식되도록 하였다. 곧 내륙의 지주 및 紳士들이 가솔을 이끌고 구랑위로 이주했고 지위가 불안했던 관리, 군벌 등도 구랑위로 들어왔다. 그들에게 있어서 구랑위는 마치 외부와 격리된 '무릉도원[世外桃園]'과 같은 곳이었고 안전한 피난처였다.

4　邱鯉鯉, 「公共地界時期鼓浪嶼城市形態演變句法研究」, 廈門大學 碩士論文, 2017, p.63.

숙장화원의 모습 (출처: 필자 촬영)

제국주의 열강들의 상륙부터 공공조계 설립 및 귀향 화교와 내지 인구의 유입으로 구랑위는 인구 구성, 경관, 경제구조, 공간 배치 등이 변화하였고, 구랑위의 지역정체성은 다시금 격변을 겪게 된다. 19세기 초 반농반어의 향촌이었던 구랑위는 공공조계 시기를 거치며 근대화된 국제도시로 변모하였다. 서양인, 귀향 화교, 대륙의 이주자 및 원주민이 혼거하는 동안 그들은 각자의 문화를 전파하였고, 각각의 문화는 상호 교류, 충돌, 융합되면서 여타 지역에서 보기 드문 다양하고 독특한 건축 양식으로 대표되는 구랑위의 문화를 만들어내었다. 또 산업의 구조와 경제적 규모 역시 농어업에서 근대적 경공업·상공업으로 전환되었고, 자급자족의 소규모 사회에서 근대 도시화의 단계로 진입하게 되었다.

20세기 초, 외국인 거류지이자 동시에 해외 화교의 귀환지가 된 구랑위는 다원문화가 공존하고 조화롭게 발전해 나가는 국제적 근대 도시의 정체성을 갖게 되었다고 할 수 있겠다.

일제 강점지

1938년 일본은 샤먼을 함락시키고 9개월 후 구랑위에 상륙하여 공부국의 실질적인 지배권을 행사하게 되었다. 그리고 1941년 태평양 전쟁 이후 영국, 미국, 프랑스가 차례로 조계 행정권과 관할권을 반납하고 철수함으로써, 1945년까지 구랑위는 사실상 일본의 독점적 조계지로 전환되었다.

일본의 강점으로 인해 구랑위는 더 이상 국제적 교류의 장이

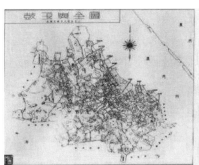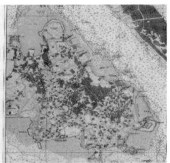

구랑위 평면도 (좌: 1935년, 우: 1951년)[5]

---

5   경제발전 전성기인 1935년과 일본 점령기 이후인 1951년의 구랑위 평면도이다. 양자를 비교해보면, 새롭게 건축된 건물을 찾아보기 어렵고 평면 구조가 그다지 변화하지 않았음을 알 수 있다. 이를 통해 일제 강점지가 된 이후 구랑위의 성장과 발전이 정체되었음을 확인할 수 있다. (張燦燦, 「近代公共租界時期鼓浪嶼中外住區空間研究」, 華僑大學 碩士論文, 2015, pp.29-30.)

아닌, 일본의 배타적 통제하에 놓인 지역으로 변모하게 되었다. 이 때, 서구인들은 물론이고 구랑위 경제와 인프라 건설의 큰 축을 담당하였던 많은 수의 화교, 화인들 역시 구랑위를 떠나게 되면서 도시 발전을 위한 거액의 자금 역시 빠져나가게 된다. 이로써 구랑위의 성장과 발전은 심각한 타격을 입게 되었다.

일제 강점기는 공공조계지로서 구랑위가 지니고 있던 문화적 및 경제적 역동성을 단절시키는 결과를 초래하였으며, 이로 인해 지역 발전은 정체기에 접어들게 되었다.

3 구랑위 도시 개조 프로젝트

2017년 7월 유네스코 세계문화유산위원회가 'Kulangsu, a Historic International Settlement'의 세계유산 명단에 등재를 승인함으로써, 구랑위는 자타 공인 세계 보편적인 인문 가치를 품고 있는 장소로 자리매김하였다. 유네스코는 공공조계 시기 구랑위에서 왕성하게 이루어졌던 다문화 교류와 융합을 반영하는 근대 건축물에 특히 주목한 것으로 보이는데, 이는 아래에서 인용한 유네스코 문화유산 리스트의 구랑위 항목에 관한 설명에서도 확인할 수 있다.

구랑위는 샤먼시를 마주하고 있는 주룽강 하안의 작은 섬이다. 1843년 샤먼

에 상업 항구가 개항되었고 1903년 이 섬이 국제 조계로 정해짐에 따라 중국 남부 해안의 이 작은 섬은 갑작스럽게 중국과 외국 간에 중요한 교역 창구가 되었다. '구랑위 공공조계'는 이러한 국제적 교류가 낳은 문화적 융합을 보여 주는 매우 특별한 사례로서 구랑위 도시 안에 그 역사적인 증거가 오늘날까 지 고스란히 보존되어 있다. 즉, 전통적인 중국 남부의 푸젠 양식 건축, 서구 신고전주의 양식의 건축, 베란다 콜로니얼 건축 양식 등을 포함하여 여러 가 지 건축 양식이 혼재되어 있다. 다양한 건축 양식의 융합을 보여주는 이 특별 한 증거는 새로운 건축 운동인 '아모이 데코 양식'으로서, 20세기 초반 모더 니즘과 아르데코가 혼합된 양식이라고 할 수 있다.

세계문화유산 등재 성공은 그간 중국, 특히 지방정부가 구랑 위의 역사 유산 보호와 유지 관리 및 환경 개선, 문화 복원 등에 기울인 노력을 입증하였다. 개혁개방 이후 샤먼시는 구랑위의 발 전을 촉진하고 지역 주민의 생활 환경을 개선하는 데 중점을 둔 구랑위 개조 및 재생 프로젝트를 전개하였다. 초기 단계와 현재를 비교해보면, 사업의 지향점이나 세부 내용에 다소 차이가 있고, 이에 따라 구랑위의 도시 정체성 역시 변화해 왔음을 확인할 수 있다.

1) 구랑위 개조 프로젝트 추진의 배경

20세기 초 구랑위는 포용적 다문화 사회의 정체성을 확립하 며 현대적인 도시로 성장하였다. 하지만 1940년대 이후부터 1980

년대 전까지 구랑위의 도시 정체성은 억압되었다. 신중국 성립 이후 문화대혁명에 이르는 사회주의 계획경제 시기 동안, 구랑위 성장과 번영에 큰 영향을 끼쳤던 공공조계의 역사는 상당 부분 가려졌다. 서구문화가 구랑위의 다원성을 구성하는 중요한 요소 중 하나였음에도 불구하고, 그 흔적이 은폐되거나 때때로 배척되기도 하였다. 그리고 해외에서 대자본을 축적하여 귀향한 화교들이 구랑위 발전을 선도하였으나, 이들 역시 '자본주의자', '부르주아'로 몰리게 되었고 상당수는 구랑위를 떠났다. 그 결과, 신중국 초기 구랑위에서 화교들의 영향력은 이전과 비교하여 크게 위축되었고 화교문화 역시 쇠퇴하게 된다. 강력한 사회주의와 극단적 민족주의가 지배하는 신체제하에서, 구랑위가 지녔던 포용성과 다원성은 억눌렸고, 구랑위의 문화는 그 개성을 잃어갔다.

계획경제 시기 동안 구랑위의 발전은 지체되었다. 1956년 샤먼시는 「샤먼시 도시 잠정 계획[廈門市城市初步規劃]」을 수립하여, "샤먼의 도시 성격은 항구 도시로서, 전국적인 요양지이자 풍경 도시이면서 국방 도시"라고 정의하면서, 원당항(筼簹港) 일대는 상업 항구로, 샹위(象嶼) 일대는 어항(漁港)으로, 구랑위는 요양지구로 설정하였다. 이에 따라, 신중국 이후 인민정부 또는 그 산하 기관으로 귀속되었던 구랑위의 근대 건축물 상당수는 다시 푸젠성 간부 휴양소, 노동자 요양소, 해군요양원, 육군 요양원 등으로 개조되었다. 하지만 경직된 사회 분위기 속에서 요양지구 지정은 구랑위의 경제에 활력을 불어넣기에 역부족이었다.

1950년대 수립된 도시 계획에 따라 개혁개방 이전까지 구랑위는 시 정부로부터 요양지구의 정체성을 부여받았으나, 대약진운동 시행과 발맞추어 섬의 서북쪽에는 공장이 들어서기도 하였다. 특히 1960~70년대에는 기계 설비, 부품 및 기타 제조업 공장이 아홉 곳 이상 건설되기도 하였다. 그러나 이들 공장은 규모나 생산 역량이 크지 않았고, 섬이라는 지리적 조건으로 인하여 2차 산업이 발전하는 데는 근본적으로 한계가 있었다. 따라서 1920~30년대와 비교하면, 계획경제 시기 구랑위의 지역 경제의 성장 속도는 더뎠고, 정체 단계에 머물렀다고 할 수 있겠다.

극단적 이념이 전 사회를 주도하는 동안, 획일화된 경제 정책이 시행되었다. 그 결과 경제 성장은 지체되었고 지역에 대한 투자가 이루어지지 않아 주민들의 생활 환경은 날로 낙후되었다. 문화적 다원성을 허용하지 않는 사회적 분위기 속에서 구랑위의 근대 건축물은 적절한 관리나 보수가 이루어지지 못한 채 노후화되었고 심지어 훼손된 채로 방치된 사례도 적지 않았다. 또한 지역의 특수성에 대한 고려 없는 상명하복식 산업 구조 개편으로 인하여 환경이 오염되고 자연 생태가 파괴되기도 하였다. 인문경관의 낙후는 구랑위의 성장과 발전 지체를, 자연경관의 손상은 구랑위의 특징이자 가장 큰 장점이 사라지고 있음을 단적으로 보여주었다.

구랑위의 속성에 부합한 새로운 도시 계획이 진행된 것은 개혁개방 이후 1980년대부터이다.

2) 과정

개혁개방 시행이 선포되고, 샤먼은 경제특구 중 하나로 지정되었다. 이는 샤먼시의 도시 건설과 발전의 가속화를 촉진하였다. 1980년대 샤먼시는 「샤먼시 도시 마스터플랜(1980-2000년)」(이하 '마스터플랜')을 수립하여 경제특구 샤먼시의 성격 및 규모, 발전 방향, 공간 배치와 구성 등을 구체적으로 명시하였다. 이 계획에서 샤먼은 '해항 관광 도시'로 도시 성격을 설정하였고, 마스터플랜에 따라, 구랑위는 풍경구(風景區) 조성 및 샤먼 관광 산업에 있어서 핵심적 역할을 담당하게 되었다. 즉 1980년대 이후 샤먼시는 구랑위에 '관광도시'의 정체성을 부여한 것이다.

1988년 '구랑위―완스산 풍경명승구(鼓浪嶼―萬石山風景名勝區)'가 중국 제2차 국가급 중점 풍경명승구에 포함되면서, 구랑위의 개발 및 재생 프로젝트의 본격적인 닻이 올랐다. 샤먼시는 구랑위의 성격을 '풍경명승구(風景名勝區)'로 재정립하고 발전 목표 및 개조 방침 등을 수립하는 것에서 시작하여, '구랑위-완스산 풍경명승구 관리위원회'를 조직하여 각종 계획을 구체적으로 실행, 점검하는 한편 적극적으로 지역을 관리하였다. 이 프로젝트의 추진 과정은 발전 목표와 추진 내용에 따라 크게 세 단계로 나눌 수 있다.

제1단계

제1단계에는 주위 경관과 부조화되거나 낙후하여 위험한 건축물 철거가 활발하게 진행되었고 도내 인구 감축 계획을 수립하고 실행하였다. 구랑위는 건축 밀집도가 높았고 무허가 건축도 상당했다. 우후죽순처럼 빽빽하고 무질서하게 들어선 건물은 주위 경관을 해치고 통행에 불편을 가져오기에, 이에 대한 정비가 우선적으로 진행된 것이다. 철거 대상에 포함되는 지역의 거주민에게는 이주 자금을 지원하거나 구랑위 바깥에 위치한 서민주택을 제공하여 보상하였다. 당시 철거가 집중적으로 이루어진 지역은 역사 경관과 주요 관광 코스가 밀집된 지역 주변이었고, 건조물이 철거된 자리는 도로로 이용되거나 공원이 조성되었다. 이로 보건대, 건물 철거와 거주민 이주는 주거 안전보다는 관광지 발굴과 개발에 주안점이 있었음을 짐작할 수 있다.

또한 인구 감축 정책이 다방면으로 진행되기도 하였다. 구랑위는 면적이 좁은데 인구밀도가 높다 보니 주거 환경이 열악하다는 문제를 안고 있었는데, 이는 풍경 명소의 이미지와 관광 산업 발전에 부정적인 영향을 미쳤다. 인구 감축의 속도와 규모를 확대하기 위하여, 2차 산업을 축소하고 3차 산업을 강화하는 산업 구조 개편을 단행하였다. 2000년까지 섬 내 16개의 공장이 모두 섬 밖으로 철수하였고, 곧이어 행정, 의료, 교육 등 공공시설의 이전이 점진적으로 시행되었다. 2006년에는 구랑위에서 100년 이상의 역사를 이어오던 상급종합병원인 샤먼시 제2의원[6]이 지메이(集美)

---

6   이 병원의 전신은 1898년 미국 선교사 Johannes Abraham Otte가 설립한 구세의원(救世醫院)이다. 구세의원은 푸젠성 최초의 정식 서양병원으로, 건물 내에 작은 예

로 철수하고, 2008년부터 학생 수 감소 등의 이유로 교육기관의 이전이 이어졌다. 2008년 샤먼시 제2중학의 고등부가 폐지되었고, 2009년 샤먼시 공연예술 직업 대학[廈門演藝職業學院] 및 중앙음악대학 구랑위캠퍼스의 이전, 2010년 푸저우대학 샤먼공예예술대[福州大學廈門工藝美術學院] 전출 등, 고등교육기관과 대학 산하 연구소 및 기숙사도 하나둘 구랑위 밖으로 옮겨갔다.

제2단계

중국 국무원이 "명승지 관리를 강화하고 명승지 자원을 효과적으로 보호하고 합리적으로 활용하기 위한 목적으로 제정한" 「풍경명승구조례(風景名勝區條例)」에 따르면, "풍경명승구는 자연경관과 인문경관이 집중되어 있으며, 환경이 아름답고, 감상적, 문화적 또는 과학적 가치를 지닌 지역으로, 사람들에게 관광지로서의 기능을 제공하거나 과학 및 문화 활동을 위한 공간으로 활용"할 수 있는 곳이다.[7] 국무원의 조례의 기준에 입각해서 보자면, 구랑위의 자연경관 및 인문경관은 모두 충분히 인정할 만한 심미적,

---

배당과 병상 45개를 수용할 수 있는 병동 7개, 약국, 사무실, 학생실, 주방, 식당 등을 갖추고 있었다. 1951년에 샤먼시 제2의원으로 명칭을 바꾸었다.

7   "爲了加強對風景名勝區的管理、有效保護和合理利用風景名勝資源、制定本條例。"(제1조) "風景名勝區、是指具有觀賞、文化或者科學價值、自然景觀、人文景觀比較集中、環境優美、可供人們遊覽或者進行科學、文化活動的區域。"(제2조) 中華人民共和國國務院, 「風景名勝區條例」, 2006.09.16. https://www.gov.cn/flfg/2006-09/29/content_402774.htm[2024.08.08.]

문화적 가치가 있으므로, 수려한 산천초목뿐만 아니라 공공조계 시기 형성된 건축경관 역시 구랑위가 개발하고 활용할 수 있는 자원이 된다. 그런데 2000년대 이전까지 구랑위의 개발, 재생 작업은 일광암유람구(日光岩遊覽區)·숙장화원유람구(菽莊花園遊覽區)·호월원유람구(皓月園遊覽區) 등 3대 유람구(遊覽區)로 대표되는 자연생태 자원 위주로 진행되었고, 역사건축과 같은 인문경관 및 피아노를 비롯한 예술문화 등에 대한 개발 작업은 후순위로 밀려 있었다. 2000년대 초중반 이후 구랑위의 다원적 문화 특히 조계시기 형성된 건축경관에 주목한 논의가 활발해지기 시작한다. 구랑위를 '아름다운 관광지'로 포지셔닝하기 위하여 자연경관 발굴, 개발 및 복원에 힘쓰며 구랑위의 외재적 요소에 주목했던 시기를 제1단계라고 한다면, 제2단계는 공공조계의 역사가 남긴 문화유산을 정비하면서 구랑위의 내재적 요소, 독특하면서도 풍부한 문화를 강조한 시기라고 할 수 있겠다.

2000년 샤먼시는 「샤먼 경제특구 구랑위 역사풍모건축 보호조례(廈門經濟特區鼓浪嶼歷史風貌建築保護條例)」(이하, 보호조례)를 시행하였다. 1949년 이전에 지어진 건축물을 조사 대상으로 삼아, 역사적 의의, 예술적 특징, 과학적 연구 가치에 따라 역사풍모건축(歷史風貌建築)에 포함시켰고, 이를 다시 중점보호 대상과 일반보호 대상으로 분류하였다. 등급별로 보존, 보수, 개조의 허용 범위를 세분화하였고, 이와 동시에 역사건축의 개발과 이용의 원칙을

구랑위 피아노박물관과 콘서트홀 (출처: 필자 촬영)

명확히 하였다.[8] 보호조례의 제정과 시행은 건축유산의 실효성 있는 보호와 관리를 이끌어낸 측면도 있지만, 역사건축의 공적 이용뿐만 아니라 상업적 이용 방안을 구체화한 측면도 주목할 만하다. 보호조례는 섬 내 역사경관을 점-선-면으로 확대시킴으로써 구랑위라는 도시 전체를 이국적 정취가 흐르는 세계 건축 박물관처럼 느낄 수 있는 환경을 조성하였다.

이외, 구랑위의 예술문화에 대한 개발과 홍보도 이 시기에 활발하게 이루어졌다. 구랑위는 '피아노 섬[鋼琴之島]'이라는 별칭

8   王唯山, 「鼓浪嶼歷史風貌建築保護規劃」, 「城市規劃」, 第7期, 中國城市規劃學會, 2002, pp.54-56.

을 가지고 있으며 중국 내에서 피아노 보유율이 가장 높은 도시이다. 기독교와 서양 문화가 유입되면서 서양음악 교육도 번성하기 시작하였다. 많은 가정이 피아노를 구입하였고 아이들은 어릴 때부터 체계적인 음악 교육을 받았다. 구랑위의 음악 전통이 유구하게 이어지면서 인청쭝(殷承宗), 저우수안(周淑安), 쉬페이핑(許斐平), 린쥔칭(林俊卿) 등 저명한 음악가를 다수 배출하기도 하였다. 구랑위의 골목에서는 어렵지 않게 피아노 소리를 들을 수 있었고 가정 음악회나 동네 음악회 등이 성행하기도 하는 등, 구랑위는 음악적 정취가 충만하였다. 이러한 문화 예술적 분위기를 부각하기 위하여 피아노 박물관, 오르간 박물관 등의 악기나 음악을 테마로 하는 박물관을 개장하였고 콘서트홀을 보수 개조한 뒤 세계 각국의 음악가를 초청하여 콘서트를 진행하거나 피아노 콩쿠르 등을 개최하기도 하였다. 또한 사계절 음악주간을 추진하고 피아노 페스티벌 등을 열기도 하였는데, 이는 국내외에 구랑위가 예술적인 도시라는 것을 홍보하고 각인시키는 데에 목적을 둔 활동이었다.

제3단계

2007년 구랑위가 중국 국가5A급관광명소 리스트에 포함되었다. 국가5A급관광명소는 중국의 관광지 중 최고 등급으로, 중국을 대표하는 세계적 수준의 관광명소를 의미한다. 구랑위가 1차 명단에 포함됨으로써 샤먼시가 기울인 그간의 노력을 대내외적으로 인정받았고, 구랑위는 '관광도시'의 정체성이 안정적으로 정립되었음을 증명하였다.

2008년 11월 샤먼시는 구랑위 세계문화유산 등재 작업을 시작하기로 결정하였고, 2013년부터 본격적 실행에 들어갔다. 샤먼시 정부는 개발계획, 국토, 도시계획, 시정, 홍보 등 관련 부처의 인원을 구랑위에 상주시켜 정비 및 향상 작업을 지휘하도록 했다. 2014년에는 「구랑위 종합 정비 및 향상 기본 계획(鼓浪嶼整治提升總體方案)」을 발표하여 구랑위의 정비 및 향상에 대한 목표, 전략 등 여러 차원의 계획을 세웠으며, 연간 실행 계획을 마련해 각 프로젝트를 순차적으로 진행했다. 이 시기의 주요 목표는 세계유산 등재였으며, 자원 통합, 역사적 가치 부각, 역사풍모 건축의 보수 및 규정 위반 단속 등이 주요 내용이었다. 작업 방식은 '정부 주도, 전문가 지도, 부서 간 협력, 주민 참여'라는 공동 창조 모델로 이루어졌다.

구랑위는 약 9년에 걸친 세계문화유산 등재 추진과 4년 이상의 체계적인 정비를 통해 문화 경관지구이자 문화 커뮤니티라는 발전 방향을 명확히 하였고, 보호 수단을 최적화하여 문화유산을 활용, 인프라 업그레이드 및 환경 감독 및 관리를 강화, 관광객 수용 능력을 조정하여 '스마트 관광'을 실현하고 사회적 공감대를 얻는 데 성공했다. 2016년 10월, 유네스코 세계유산위원회의 국제기념물유적협의회(ICOMOS) 전문가들이 구랑위를 현장 실사 및 평가를 진행하였고, 구랑위의 세계유산 등재 준비 과정을 높이 평가했다. 이어 2017년 제41회 세계유산대회에서 최종 심사를 통과

하여 구랑위는 마침내 세계유산 명단에 등재되었다.

1980년대 말부터 시작하여 대략 30년에 걸쳐 진행된 구랑위 개조 프로젝트는 구랑위의 도시정체성을 '관광도시'로 정립하고 이를 대내외적으로 자리매김하는 과정이었다. 크게 세 단계의 과정을 거치면서 관광도시 구랑위의 세부 내용과 강조점이 풍경 명승지에서 역사·예술의 도시로, 다시 세계문화유산의 도시로 조금씩 변동되거나 추가되었다.

3) 구랑위 개조 프로젝트가 남긴 것들

구랑위가 관광도시로 정체성을 확립하고 공고히 하는 과정 동안 구랑위를 찾는 관광객의 수는 꾸준히 증가하였다. 1978년에 구랑위의 관광객 수는 1,211만 명 정도였지만, 2010년에는 푸저우-샤먼 고속열차가 개통되면서 관광객의 수가 전년 대비 39% 증가하였고 이후 연휴시기 1일 관광객의 수는 2만 명 이상을 기록하다가, 2012년 10월 2일 하루 동안 구랑위를 찾은 관광객의 수가 12만 명을 기록하게 된다. 관광업의 호황에 힘입어 구랑위의 경제지표는 상향세를 이어나갔다.

관광업을 비롯한 관련 산업이 크게 성장하여 구랑위의 경제는 발전하였지만, 이는 구랑위 주민들의 삶을 윤택하게 만들기는커녕 생활공간 침해, 물가 상승을 야기하는 등 생활의 불편을 배가하는 요인으로 작용하였다. 관광 산업은 구랑위 주민들의 우아하고 평화로운 삶을 잠식하였고, 이로 인하여 수많은 주민들이 다시 섬 밖 이주를 결정하였다.

　1990년대 인구 감축을 위해 산업시설, 교육시설, 의료시설 등
의 이전을 시행하면서 구랑위의 인구는 날로 감소하였다. 2023년
발표한 통계에 따르면 구랑위에 호적을 두고 있는 인구는 12,516
명에 불과하다. 이 중, 60세 이상의 인구 수는 4,586명으로 전체 인
구의 30% 이상을 차지한다. 구랑위의 출생율은 사망률의 절반에
미치지 못하고, 전입자는 전출자의 수를 넘기지 못한다. 구랑위의
고령화는 심각한 수준이고 구랑위를 떠나려는 행렬은 아직도 이
어지고 있다.

총인구	연령별 인구				인구변동 현황			
	0-17세	18-34세	35-59세	60세 이상	출생	사망	전입	전출
12,516	1,216	1,911	4,803	4,586	54	113	243	260

2023년 구랑위의 인구통계[9]

　예전에는 여섯 곳의 초등학교가 있었지만 계속 통합되어 현재
는 단지 한 곳만 남았고, 그마저도 상당수가 이주노동자들의 자녀
이다. 역사와 전통을 자랑하며 구랑위의 음악문화를 계승해 온 샤
먼시음악학교는 더 이상 초등부를 받지 않는다. 3급 종합병원이
떠난 공백은 보건소[鼓浪嶼街道社區衛生服務中心]로 메웠는데,

9　厦門市思明區統計局 編, 『2023思明區經濟社會年鑑』, 中國統計出版社, 2023,
　　p.82-83.

한 매체는 "산부인과 없이 태어나고 영안실 없이 죽는다[生無婦産科, 死無太平間]"라고 표현하며 구랑위의 열악한 의료 상황을 설명하였다. 2014년 구랑위 의원이 다시 세워졌지만, 주민들이 느끼는 의료 공백에 대한 불안은 여전히 해소되지 않고 있다.

구랑위는 명승지와 도시공간이라는 두 가지 속성을 모두 가지고 있었다. 하지만 그동안 발전 계획이 관광지 개발과 발전 중심으로 이루어지면서, 인구 수 감소 및 공공 서비스의 축소를 초래하였다. 관광업이 구랑위 발전의 모든 것이 되어버리면서, 구랑위라는 도시의 품질과 지역 주민의 삶의 질은 하락하였다. 이로 인하여 공동체 존속과 유지에 균열이 일어났고, 지금과 같은 상황이 지속된다면, 공동체는 완전히 와해되고 말 것이다. 구랑위가 고품격 관광명소로 명성을 얻고 세계문화유산에 등재될 수 있었던 것은 다양한 구성원이 공존하면서 싹틔운 도시문화의 힘이 결정적이었다. 문화는 인간 활동으로부터 형성되고 또 계승되는 것이다. 구랑위에서 원주민이 모두 사라지게 된다면 고유의 문화 역시 사라지게 될 것이고, 종국에 구랑위는 도시경쟁력을 상실하게 될 것이다.

도시의 재생과 발전을 도모하기 위해 그동안 구랑위에서 진행되었던 프로젝트는 경제적 이익에 지나치게 집중하여, 그곳에서 살아가는 사람들을 소외시킨 측면이 크다. 기존의 공동체를 해체하는 방식으로는 구랑위의 가장 큰 매력인 문화적 전통을 보존할 수 없다. 지속가능한 발전을 위해서는 공동체를 활성화하는 방식

의 도시재생이 절실하며, 앞으로 펼쳐질 제4단계의 구랑위 도시재
생은 공동체에 주목하여 진행되어야 할 것이다.

4　나가며

　일반적으로 도시재생은 지역의 자원을 활용하여 새로운
기능을 도입하고 창출하여, 쇠퇴하는 도시를 사회, 경제, 문
화, 환경 등의 개선을 통해 재활성화시키는 것을 이른다.[10] 재
개발(Redevelopment)이 철거와 재건축을 중심으로 한다면, 재생
(Regeneration)은 지역의 물리적 환경 개선에 그치지 않고 도시의
원형 보존에 궁극적 목표를 둔다는 점에서 차별성이 있다. 도시재
생은 지역의 역사와 문화와 같은 인문적 원형을 보존하면서 진행
되어야 하고, 주민공동체의 존립이 전제되어야 한다.

10　도시재생은 아직 학술적으로 명확하게 개념 정리가 되지 않아서, 학자들마다 다른 범
　　위로 도시재생을 해석하고 있다. 영국의 Roberts Peter와 Sykes Hugh는 "일정 도
　　시지역에서 경제적, 물리적, 사회적, 환경적 조건이 변화하고 지속적으로 개선되어
　　야 하는 여러 문제점을 해결하기 위한 총체적이고 종합적인 비전과 행동"으로 정의한
　　다.(Gao Yuan, 「한국과 중국의 도시재생정책 연구」, 경북대학교 석사논문, 2021, p.10) 한국
　　에서는 협의의 개념으로는 "쇠퇴지역의 공간에 대한 물리적 환경 개선"이나 "도시계
　　획을 통해 공간 차원의 정비 및 관련 부대사업을 통해 지역의 주거환경과 생활의 질을
　　개선해나가는 과정"으로 정의하고, 광의의 개념으로는 "쇠퇴지역에 대한 환경 개선과
　　함께 새로운 기능을 도입·창출함으로써 물리·환경적, 경제적, 사회·문화적으로 재활
　　성화시키는 것"으로 본다.(김혜천, 「한국적 도시재생의 개념과 유형, 정책방향에 관한 연구」,
　　「도시행정학보」, 제26집 제3호, 도시행정학회, 2013, pp.6-7)

이러한 관점에서 보자면, 구랑위가 개혁개방 이후 걸어온 길을 진정한 도시재생 사업이라고 볼 수 있을지 의문이 든다. 구랑위는 재건축을 위한 철거가 이루어지지 않았으므로 재개발로 볼 수는 없다. 공공조계 시기의 역사가 빚어낸 문화가 녹아있는 건축과 예술 문화 등을 활용하여 관광도시, 세계문화유산의 도시라는 기능을 도입하고 이로써 막대한 경제적 성과를 거두었다. 이 과정에서 공원이 늘어나고 도로가 개선되는 등 물리적 환경이 개선되었으므로 도시재생의 범주에 포함될 수 있을 것이다. 그러나 생활 인프라 축소를 유도함으로써 원주민이 더 이상 구랑위에서 편안한 생활을 유지하지 못하고 이탈하도록 만들었다는 점에서 보자면, 이러한 사업을 도시재생이라고 정의할 수 있을까? 공동체가 붕괴되는 상황에서 아무리 경제적 발전을 이뤄도, 그 도시가 진정으로 존속되고 계승된다고 말할 수 있을까?

'역사풍모도시(歷史風貌城市)'라고 불리는 중국의 도시들에서 진행된 재생사업은 정도의 차이가 있을 뿐 구랑위와 유사한 궤적을 그려왔다.[11] 이러한 도시들은 대체로 과거 역사와 문화의 흔적이 드러나는 도시의 외관을 보존하는 데 중점을 두었으나, 그곳에 거주하는 주민들의 삶과 공동체에 대한 관심은 부족했다. 안정적

---

11 翟斌慶·竺剡瑤, 「中國歷史城市的再生實踐及啟示―以西安鼓樓回民區爲例」, 『西安建築科技大學學報』, 第33期第4卷, 西安建築科技大學, 2014; 송문달·박경환, 「중국 옌타이(煙臺)의 소성(所城) 도시재생사업에서 원주민의 퇴거와 장소애착」, 『한국도시지리학회지』, 제26권2호, 2023.

으로 공동체가 존속되지 못한다면 도시의 문화는 결국 단절되고 말 것이며, 역사적 건축물을 보존한다고 해도 사람들의 삶이 이어지지 않는 도시는 거대한 테마파크에 불과하게 될 것이다. 도시재생은 인본주의 관점에서 접근되어야 하며, 이를 통해 지속 가능한 발전을 도모해야 한다.

이민경

홍콩의 도시 변화와
홍콩인의 정체성 정립

1 우리가 몰랐던 홍콩

대만의 한 여행작가가 쓴 『우리가 몰랐던 홍콩의 4분의 3』[1]이란 책 제목을 바꿔 읽으면 일반적으로 우리는 홍콩을 4분의 1밖에 모른다는 얘기가 된다. 많은 사람들이 '홍콩'이라고 하면 화려한 네온사인과 고층 빌딩, 다채로운 쇼핑을 떠올린다. 이것이 우리가 아는 4분의 1인 듯하다. 하지만 세계를 여행하며 신비로운 동식물의 생태를 소개해온 위 책의 저자는 복잡다단한 도심에서 차로 한 시간만 가면 홍콩 면적의 4분의 3을 차지하는 끝없는 산과 들판이 펼쳐진다는 사실을 알려주고 있다. 이곳은 신계(新界)와 란터우섬, 라마섬과 홍콩섬 일부 지역에 그대로 보존되어 있는 자연을 가리킨다. 이것은 홍콩을 아는 보통 사람들의 상식을 부수는 일임

---

1   류커샹 지음, 남혜선 옮김, 『우리가 몰랐던 홍콩의 4분의 3- 산에 오르고, 마을을 가로지르며, 숨어 있던 홍콩을 만나다』, 책비, 2018.

홍콩 지도

에 틀림없다. 하지만 이 또한 홍콩이다. 홍콩은 도시와 자연(향촌)
이 공존하는 곳이라는 사실을 상기해두자. 도시의 발전과 함께 여
전히 그대로 보존되어 있는 자연을 어떻게 누리고 가꾸어야 할지,
도시와 자연이 어떻게 공존하며 발전을 모색해가야 할지를 고민
하게 하는 것이기 때문이다. 이를 홍콩을 두고 생각해본다니 선뜻
뭔가 받아들여지지 않는 느낌이 드는 것은 우리가 알고 있는 홍콩
에 대한 이미지가 너무 강하기 때문이리라.

　　우리가 아는 홍콩은 홍콩섬과 구룡반도 일부 그리고 디즈니
랜드가 있는 홍콩국제공항 근처 정도이고, 이는 모두 홍콩 관광에

서 빠질 수 없는 곳이다. 이런 홍콩에서 중국반환 이후 민주화 시위가 발생하고 공항을 점거하는 일이 뉴스로 전 세계에 보도되면서 주목을 끌었던 적이 있었다. 그리고 시위의 발생과 진압되는 과정에는 중국 정부가 개입되어 있다는 것도 명백했다. 그 이후 홍콩은 우리가 알던 예전의 모습에 중국 반환 이후 일대일로 정책에 따른 변화 등 표면적으로 새로운 도시로 변신하는 것 같고, 또 이런 가운데 내부적으로는 많은 혼란과 갈등이 빚어지고 있음도 알 수 있다.

홍콩은 중국의 한 도시이기도 하고, 식민도시이기도 하고, 중국의 한 지방정치 공동체로 바라볼 수도 있다. 그러면서도 '지방'을 넘어서는 도시국가에 해당하는 위상을 오랫동안 누렸다. 그래서 홍콩의 로컬 정체성은 중국 국가에 대한 정체성과 함께 성장하기도 했다. 역사적으로 보면 홍콩은 영국의 식민지배를 받았기 때문에 식민도시이고, 또 거주민의 대다수가 대륙에서 이주해 온 본토인들로 구성되었다는 점에서 이주도시이며 그리고 중국반환 이전까지는 싱가포르와 같은 도시국가로서의 성격을 갖고 있었다.

2 　메가홍콩과 신공항 건설

홍콩의 도시 탄생과 성장은 아편전쟁 이후부터 시작되었다. 1842년 8월 29일 남중국해의 작은 돌섬이 영국 땅이 되었다. 나무

홍콩신공항

한 그루 풀 한 포기 자라지 않을 만큼 척박했던 섬에는 산 아래 난한 뼘의 땅에서 농사를 짓고 물고기를 잡던 소수의 주민과 정치적도망자, 그리고 해적들이 모여 있었다. 이곳이 바로 지금의 홍콩섬이다. 아편전쟁 이후 영국에게 할양되었던 당시 상주 인구(해적?)는 약 2만 명 정도였다고 한다. 물론 처음에는 홍콩이라는 이름도없어서, 영국은 이 도시를 '퀸스타운'이라고 불렀다. 이후 영국은1860년에 구룡반도를 손에 넣었고, 1898년에는 현재 홍콩의 80퍼센트를 차지하고 있는 신계지역을 99년간 조차했다. 영국은 이렇게 도시를 계속 확장했다. 도시국가로서 성장하는 과정에는 영국정부의 정책에 따라 거대한 도시계획이 진행되었고, 그 대표적인 예가 바로 홍콩신공항 건설이다.

1960년대 이후 아시아 지역의 경제성장으로 인력과 물자의 이동이 확대되었다. 게다가 아시아 태평양 지역의 항공기 여객 점유율 확대로 인해 아시아 각국의 공항 정비 계획은 대부분 대도시 근교의 매립지나 간척지에 집중되었다. 홍콩의 경우도 예외가 아니어서 홍콩 도심에 있는 카이탁공항을 대신할 신공항 건설을 모색했다. 지금의 첵랍콕에 신공항을 건설한다는 계획은 이미 1970년대 초부터 검토되었고, 신공항은 원래 1980년대에 건설할 예정이었으나, 홍콩 반환에 대한 중국과 영국의 협상 때문에 1990년대로 건설이 연기되었다.

신공항이 들어선 란터우섬은 트라피스트 수도원 정도만 있는 작은 어촌으로, 핑크색 돌고래 구경으로 유명한 타이오 마을이나 골프나 바다 낚시를 즐기러 주말에 놀러가는 디스커버리베이 정도가 유명했다. 낚시터로 각광받던 란터우 앞바다의 작은 섬 람차우와 첵랍콕암초, 그리고 란터우 본섬 사이의 공간을 간척해 공항 부지를 조성했다. 원래 계획 초기에는 란터우섬은 신계(新界)에 속해 있어 1997년에 모두 중국에 반환한다고 생각해, 영국이 영구 소유하는 영토인 홍콩섬 남부 스탠리 혹은 근처의 라마섬도 고려 대상이었다. 1989년 10월 11일, 총독 데이비드 윌슨(C. Wilson)은 첵랍콕섬에 홍콩 국제공항을 건설한다는 계획을 발표했고, 홍콩의 번영을 위한 새로운 장이라고 소개하였다. 하지만 홍콩 정부는 신공항이 주변 지역사회에 미칠 파장을 동시에 발표하지는 않왔다. 영향을 받는 주변 지역은 주로 첵랍콕섬과 둥충(東涌) 두 지역인데, 앞에서 얘기했듯이 첵랍콕은 원래 둥충향사(鄕事)위원회에 속한 둥충 맞은편 해안에 위치한 작은 섬이었다. 신공항 계획이 추진되면 허름한 마을집과 천후묘(天后廟) 한 칸만 남게 되는 이 섬은 결국 초토화되고 매립을 통해 신공항이 들어설 운명이었다. 첵랍콕섬에는 약 200명의 마을 주민이 있었으며, 대부분 도시에 정착하고 일부는 둥충으로 이주하여 둥충의 원래 주민들과 이웃이 되고, 천후묘는 해체하여 원래 모양에 맞게 둥충에 다시 지어졌다.

둥충의 한 마을 주민은 "신공항은 마치 폭탄처럼 하늘에서 내려와 과거의 질서를 산산조각 냈다."라고 토로했는데, 1997년 중반, 홍콩 텔레비전에서 방영된 영상에는 카메라 앞에서 한 노부인이 울면서 "나는 강제 이주당했다. 집을 나와 마을을 떠나니 돌봐줄 사람이 없다."라고 홍콩의 신국제공항 이주 계획으로 집을 잃고 유랑하는 처지를 하소연했었다. 홍콩의 신공항 건설은 주변 지역인 첵랍콕과 둥충의 변화를 초래했다. 수백 년의 역사를 가진 여러 원주민 촌락들이 이주해야 했고, 이렇게 이주해 온 주민들이 모여 사는 신도시가 탄생되었던 것이다.[2]

---

2   링난대학(嶺南大學) 역사학과의 라우치팡(Lau Chi-pang) 교수는 2014년 9월 홍콩 공항관리국(Airport Authority Hong Kong)의 위탁을 받아 카이탁에서 첵랍콕에 이르는 홍콩 공항에 대한 연구를 「카이탁 시대부터 첵랍콕(Check Lap Kok)까지」라는 제목의 책 두 권으로 출간했다. 제1권은 홍콩 공항의 발전, 특히 홍콩 경제와의 긴밀한 관계에 대한 개요, 제2권은 소중한 사진들의 모자이크와 함께 공항에 대한 집합적인 기억을

또 둥충의 옛 공동체에서 14개 마을 약 100명의 사람들이 이주해야 했고, 그 가운데 마완촌(馬灣村)을 포함한 원주민 촌락이 초토화되고, 바웨이촌(壩尾村) 옆에 나란히 신마완촌이 재건되었다. 둥충신도시는 1997년에 공식적으로 건설되었는데, 홍콩의 다른 지역에서 온 18,000명의 새로운 거주자를 수용했다. 신도시는 지하철역과 쇼핑몰, 우뚝 솟은 개인주택, 공공주택 등 기존 커뮤니티와는 다른 모습을 띠었다. 많은 지역사회의 시설이 건설되며, 신도시 주민들은 새로운 생활에 적응하면서, 가족, 교육, 지역 사회 정체성 등 다양한 사회 문제에 직면하였다.

이주된 둥충의 옛 마을 주민들 중 일부는 정부와 문화재 기관 등의 역사적 기억 논술의 핵심을 파악하여, 자신의 지역 역사, 종족 발전 및 마을 조직을 지속적으로 강조함으로써 이상적인 이주 정착을 실현한 반면, 공식 논술을 익히지 못하거나 충분한 사회 네트워크 지원을 받지 못한 마을 사람들은 자신의 가족 배경과 개인적 경험만을 강조하며 종족 역사 및 커뮤니티 조직의 역사 논술을 소홀히 하고 결국 집을 떠나게 되었다. 첵랍콕마을 주민과 둥충의 옛 공동체를 통합해야 하는 주변 주민은 역사적 담론에서 공식 '원주민'과 '비원주민'의 신분 구분을 전용하여 자신의 정체성을 확립하고, 동시에 관광과 문화재의 역사적 기억에 대한 사회적 논의는 두 커뮤니티의 통합을 위한 특정 사회적 조건을 제공

담았다. 총 36회의 구두 역사 인터뷰가 포함되었다. 劉智鵬, 黃君健, 錢浩賢(2014), 天空下的傳奇 : 從啟德到赤鱲角(全二冊), 香港, 三聯書店有限公司 참조.

했다. 첵랍콕 천후묘의 이전과 재건축은 홍콩에서 홍콩 문화재 보호에 대한 논의를 유발했으며, 이러한 토론은 천후묘를 홍콩 문화재를 상징하는 표현으로 만들었을 뿐만 아니라, 첵랍콕이라는 변방 커뮤니티에 일정한 협상력을 부여하고, 둥충 커뮤니티와의 융합에 영향을 주어 둥충과 첵랍콕 두 커뮤니티 사이에 갭이 존재하고, 사회 경계도 명확하게 구분되었다.

둥충신도시와 관련하여 지역 지도자들은 둥충문화재를 재포장하여 보호하는 지역 사회 운동을 통해 사회적 네트워크, 지역 정체성 및 지역 소속감을 구축하고, 문화재 보호운동에서 지역 지도자들은 공식 논술에 따라 둥충을 시간 역사, 지리 공간 및 정치 무대에서 홍콩 및 중국과의 관계와 밀접하게 연결시켰다. 지역 지도자들은 문화재를 플랫폼으로 사용하여 지역 사회 세력과 지위를 구축하고 둥충의 옛 지역 사회와 관계를 구축했고, 개별 사회 구성원들은 지역 신문의 출판을 기반으로 둥충의 역사를 논하고, 둥충의 과거를 전략적으로 발전시켜 자신의 현재 및 미래의 비즈니스 발전을 개선하고, 지역 커뮤니티의 인적 네트워크를 확장했다.[3]

신공항 건설과 그로 인해 고향을 잃고 이주한 사람들의 정착과 새로운 커뮤니티 형성에 대한 이러한 과정은 홍콩에 불어 닥친 홍콩인의 정체성과 역사문화에 대한 관심을 고조시킨 현상과 연

---

3   區可屏, 「歷史記憶與香港新國際機場周邊地區之遷徙」, 『歷史人類學學刊』 第七卷 第一期, pp.119-143, 2009.

웨강아오대만구

결된다. 중국으로 반환된 홍콩은 이제 중국 정부의 일대일로 정책에 따른 새로운 메가도시 형성과 그 네트워크의 일환 아래 도시 성장을 진행하고 있다. 그것이 바로 웨강아오대만구 건설이다. 홍콩, 마카오와 더불어 중국 주장삼각주(珠三角) 지역 9개 도시로 구성된 이곳은 총면적 5만 6000km², 인구 8000여만 명을 보유한, 중국에서 개방도가 가장 높고 경제 활력이 가장 넘치는 지역 중 하나다. 국토 면적의 1%, 전체 인구의 5%에도 못 미치지만 중국 경제의 12%가 여기에서 창출된다. 웨강아오대만구는 국가적 사업으로 건설이 본격화된 지 불과 5년 만에 GDP가 약 2조 4000억 위안 증가하는 등 전례 없는 활기를 띠고 있다.

강주아오(港珠澳, 홍콩·주하이·마카오) 대교의 개통으로 홍콩과 마카오가 정식으로 중국 국가 고속도로망에 연결되면서 웨강아오대만구 전체에 막힘없는 교통망이 완성되었다. 웨강아오 대만구는 개통 철도 길이 2,500km, 고속도로 4,972km로 도로망 밀도가 $100km^2$ 당 $9.1km^2$에 달한다. 출입국자의 3분의 2가 셀프로 출입국할 수 있는 자동출입국 모델을 구현하였으며, 공항 이용객 수 2억 명 이상, 항만 컨테이너 물동량 8000만TEU 이상인 이곳에는 세계적인 공항 클러스터와 항만 클러스터가 빠르게 형성되고 있다. 광저우-포산(佛山), 선전-홍콩, 주하이-마카오 등 대만구의 세 지리적 정점 도시 간 이동도 1시간 정도면 충분할 정도로 편리한 교통을 자랑한다.[4] 이 과정에서 홍콩은 어떤 모습의 도시로 변모할 것인지 주목할 필요가 있겠다.

3 홍콩의 도시재생사업과 홍콩인의 정체성

앞에서는 거대한 도시개발계획이 지역 주민들을 비롯한 그 도시민들의 삶에 어떤 영향을 주는지에 대해서 보았다. 홍콩신공항 건설은 홍콩 도시의 확장을 가져온 대신에 원주민의 삶과 그 공동체의 기억을 파괴했다. 홍콩에서 이러한 집단 기억과 이러한 기억의 장소를 지키려는 시민활동이 시작된 것은 2000년대 초반이다. 사실 중국반환을 전후로 하여 홍콩인은 중국인인가 아니면 누구

---

4   「수준 높은 웨강아오 대만구 건설」, 〈한겨레〉, 2020.6.14.(https://www.hani.co.kr/arti/economy/biznews/1046932.html)

인가 하는 의문이 집단적으로 표출되기 시작했다. 이주의 도시 홍콩이기 때문에 주로 대륙에서 넘어온 중국인들이 홍콩인이 되었다. 인구 면에서 본다면, 1840년대 본토에서의 피란민이 유입되기 시작한 이후부터 1949년 전후에는 약 1백만 명이 유입되어 210만 명의 도시가 되었다. 또 1970년대 문화대혁명 이후에 다시 홍콩은 피난지로서의 역할을 했다. 따라서 홍콩은 영국의 식민지(식민주의+자본주의)와 중국인 피난지라는 성격의 도시라고 할 수 있다. 그래서인지 홍콩인들에게는 무엇보다 개인의 이익이 가장 중요했다. 자신의 생존을 보장하는 것은 바로 돈이고, 그리고 이 돈이야말로 피난민인 중국인들이 본토로 돌아갈 때 가져가야할 자산이기 때문이었다. 이러한 개인의 이익을 중시하는 홍콩의 분위기는 대륙 중국이 공산화되어 귀환하는 것이 어렵게 된 이후, 상업금융도시 홍콩의 번성과 함께 더욱 강화되었다. 게다가 1960년대 홍콩이 베트남전쟁의 특수를 누리면서 생긴 소위 "홍콩 간다"라는 말은 곧 당시 베트남전쟁에 참전한 미국군인들에게 전쟁의 트라우마를 잊게 해주는 공간이 홍콩이었음을 뜻한다. 이 말의 이면에는 부정부패가 심각한 홍콩이 숨어 있다. 결국 개인의 이익을 강조하는 홍콩인들의 태도가 부정부패가 심각한 사회로 이끌었다고 할 수 있다. 따라서 홍콩인들에게는 시민의식이 부재했는데, 1997년 홍콩의 중국반환 이후 홍콩인들이 정체성에 대한 고민을 하기 시작하여 이른바 "소년 홍콩"이라는 말이 유행했다. 마치 사춘기에 자아를 찾는 경험을 하는 것처럼 말이다.

이것은 인구의 구성에서도 확인할 수 있다. 1961년 무렵 홍콩에서 태어난 홍콩 거주민은 전체 인구의 절반이 안 되었다. 그런데 2016년 기준으로 홍콩 거주자 중 홍콩에서 태어난 인구의 비중은 60.7%, 약 445만 명이다. 이것은 피난민들이 아닌 홍콩 출생 곧 홍콩이 고향인 사람이 훨씬 많아졌고, 이들은 자신의 부모 세대와 달리 홍콩인이라는 자의식이 강하다는 의미다. 그런데 이와 관련하여 1997년 이후 홍콩에서 문화유산보호가 중요한 정책 과제로 부상했다. 원래 홍콩의 문화유산보호정책은 미약했다. 그것은 식민지라는 정치적 상황, 또 개발 가능한 토지가 절대적으로 부족한 홍콩의 지리적 조건, 국제적 투자자와 기업을 우선시하는 기업가주의적 정부의 태도가 결합된 것이었다. 그런데 중국반환 이후 홍콩정부는 국가주의적인 목적을 위해 문화유산 정책을 실시하였다. 주로 고대 유적지나 중국의 전통 문화유산들이 대상이었고, 이는 중국대륙과 홍콩의 연계성을 강조하는 데 이용되었다. 2006년 중국의 국가급 무형문화유산에 홍콩의 월극(粵劇)과 량차(涼茶)가 포함되었고, 이 중 월극은 2009년 유네스코 세계무형문화유산에 등재되었다. 이후 2021년까지 총 4차례에 걸쳐 12개의 홍콩 항목이 국가급 무형문화유산 목록(확대항목 포함)에 들어갔다. 그리고 홍콩정부는 중국 광동성 무형문화유산 목록을 참고하면서 홍콩 무형문화유산에 대한 자료조사와 연구를 진행하여 2014년에 이르러서야 총 480개에 이르는 무형문화유산 항목을 발표했다.

하지만 이러한 중국전통 유산과 달리 식민지 과거와 관련된

퀸즈피어 모습

장소들을 어떻게 (재)정의하는지가 문제가 되었다. 이것은 홍콩의
정체성을 이해하는 중요한 단서이기도 했다. 홍콩인들이 가장 대
표적인 '홍콩성'의 상징으로 생각하는 홍콩식 광동어 유행곡, 절
권도(이소룡), 홍콩 만화 등이 누락되었다는 문제를 지적하고, 또
전문가들과 언론들은 너무 중국적 기준에 맞추어 홍콩 문화유산
이 선정되는 것 아니냐는 비판을 계속 제기했다. 이와 같이 중국
회귀 이후 식민지배와 관련된 장소들은 또 다른 쟁점을 야기하게
되는데 고고학적 유적지나 전통 촌락들이 주로 홍콩 중심부에서
먼 신계(新界) 지역에 자리했던 것과 달리, 식민 기억과 관련된 장

소들은 식민지배의 중심지인 홍콩섬의 도심에 집중되어 있었기 때문이다.

이러한 상황에서 도심 내 문화유산들이 급속하게 사라지면서 발전주의적 도시개발과 문화유산 보전의 딜레마는 홍콩의 도심 내 여러 곳에서 반복되었다. 2006년 홍콩에서는 식민시대에 건설된 역사적 건축물 보전과 관련하여 전례 없는 논쟁과 갈등이 지속되었다. 이러한 갈등이 표면화된 사건이 바로 식민시대 건설된 피어(Pier) 보호 운동이었다. 홍콩의 중심부인 센트럴(中環) 지역의 고질적 교통문제를 개선하기 위해 이곳에 있던 두 개의 피어를 철거하여 매립개발하겠다는 정부계획에 반대하며 벌어진 시민들의 활동, 소위 천성황후 운동은 문화유산 및 홍콩인의 정체성과 관련되어 제기된 대표적인 사건이었다. 에든버러광장 페리피어(天星馬頭, Edinburgh Place Ferry Pier, 일명 Star Ferry Pier)와 퀸즈피어(皇后馬頭, Queen's Pier)의 이름을 따서 천성황후운동이라고 하는데, 이 황후부두 운동에서 시작된 홍콩의 기억과 특성을 담은 장소나 건물에 대한 관심 그리고 이것들이 파괴되고 있다는 우려는 역사적 건축과 문화유산 전반에 대한 관심으로 옮겨갔다. 각종 건물과 문화의 보존 운동을 벌이는 민간단체가 늘어났고 정부도 유산 보호를 약속하여 2007년부터 문화유산과 역사유적 보존운동은 홍콩에서 중요한 이슈로 떠올랐다. 정부는 무형·유형의 문화유산에 대한 담론과 실천의 주도권을 빠르게 장악했고, 문화유산 관련 대대적 교육과 홍보를 계속 확대했다. '사라져가는 홍콩성'을 찾고 지

Heritage of Mei Ho House, 1953년에 지어진 홍콩의 첫 공공 주택 메이호 하우스가 자리한 지역. 이 빌딩은 세계문화유산에 아시아 퍼시픽 문화유산으로 등재된 영광스러운 건물이며, 현재는 유명한 유스 호스텔로 사용 중이다.
(출처: 홍콩 투어리즘 보드)

키려는 민간의 움직임은 문화유산이라는 장(場)을 정부에 내주고 지역 커뮤니티로 점차 옮겨가, 재개발에 맞서고 주민과 함께 커뮤니티를 만들어내는 작업으로, 그리고 거대기업의 독점을 비판하며 홍콩 토종 브랜드와 작은 가게들을 지키는 운동으로 이어졌다. 이 운동은 홍콩인의 집단 기억을 담고 있는 문화유산과 역사경관의 보존, 국가 주도적 도시개발에 대한 반대, 젠트리피케이션 대응, 자본에 지배되지 않는 공공 공간의 확대와 같은 도시 공간을 둘러싼 문제에서 출발하여, 민주주의 및 정치적 참여 확대 요구, 경제 성장이 아니라 공동체와 환경의 보전을 우선시하는 다양한 활동과도 직간접적으로 연계되었던 것이다.

중국으로 회귀된 이후 홍콩에서 문화유산이 도시 정체성의 형성에 미친 영향과 나아가 도시개발의 맥락 속에서 홍콩의 다양한 기억의 장소들이 도시의 문화유산으로서 (재)구성된 사례는, 2000년대 이후부터 초기 공공임대주택단지를 유스호스텔과 박물관으로 전환한 섹킵메이(石硤尾) 공공임대주택, 홍콩의 기층생활문화가 남아 있지만 재개발로 철거 위기에 놓인 냥틴성벽마을(衙前圍村), 홍콩특색의 도심 공동주택인 통라우(唐樓)의 보전과 관련한 완차이(灣仔) 지역을 들 수 있다. 이를 통해 홍콩인들이 체제 전환 및 도시 경제의 변화 속에서 문화유산의 보전 활동을 통해 도시 정체성을 (재)구성하고, 나아가 도시를 기억할 권리를 요구하기 시작했다. 그리고 잘 알다시피 이렇게 추구된 홍콩인 정체성이 중국인 정체성을 크게 누르게 된 결정적 계기는 2014년 직선을 요구하며 도심을 점령한 우산운동과 그 좌절이었다.

오늘날 홍콩의 문화유산은 '문화적 가치/경제발전,' '중화민족주의/홍콩특색,' '애국주의/식민주의 노스탤지어'와 같은 담론이 대립하는 장이다. 또한 이 과정에서 홍콩이라는 도시를 국제 금융 중심지이자 글로벌 관광지로 만들고자 하는 시도와, 주민과 영세 상인과 저소득 이주노동자의 기억과 공동체가 유지되는 홍콩인의 도시로 만들고자 하는 열망들이 격렬하게 충돌하고 있다.[5] 홍콩의 사례는 식민주의와 냉전과 관련하여 복잡한 장소 기억이 공존하

---

5   한지은, 「우리의 도시를 기억할 권리: 홍콩의 도시 문화유산 보전을 사례로」, 『한국도시지리학회지』 제21권 2호, pp.49-50, 2018.

는 한국의 도시에서 벌어지고 있는 문화유산 보전, 도시재생과 젠트리피케이션 등에 시사하는 바가 크다.

서광덕

4장

타이완 및 싱가포르
해역도시의 도시재생

'문화사막'에서
'문화오아시스'로

가오슝 보얼예술특구 이야기

들어가며

가오슝(高雄)은 부산과 닮은 점이 많다. 수도 타이베이(臺北)에 이은 타이완(臺灣) 제2의 도시, 타이완 최대의 항구도시, 타이완을 대표하는 산업도시인 점에서 그렇다. 부산과 조금 다르게 군사도시의 성격도 지니고 있는데, 육해공 각 군관학교와 해군 육전대(해병대에 해당) 지휘부, 타이완 최대 규모의 해군기지가 가오슝에 위치한다. 제2차 아편전쟁의 결과인 톈진조약 및 베이징조약에 의거, 당시 안핑(安平)으로 불리던 타이완 남부의 타이난(臺南)과 타이완 북부의 단수이(淡水)가 1860~1861년에 개항된다. 무역량의 증가로 인해 1863년, 당시 다거우(打狗)라 불리던 남부의 가오슝과 북부의 지룽(基隆)이 2차로 개항된다. 이처럼 서구의 침탈로 시작된 타이완과 가오슝의 외생적인 근대사는 청일전쟁을 계기로 다시 한번 변화와 질곡을 겪는다. 1894년(광서 20년)에 발발한 청일전쟁은 청나라의 패배로 끝이 났고, 시모노세키 조약에 의해 타이완은 일본에 강제로 할양되었다. 1900년대 초 일본은 지룽과 가오슝에서 근대적 항구를 만들기 시작했고, 양쪽을 잇는, 즉 타이완의 남북을 가로지르는 종관철도를 건설했다. 항구와 철도, 이는 타이완에서 가장 중요했던 두 가지 인프라로서, 가오슝을 비롯한 타이완 전역에서의 근대적 산업

가오슝의 위치와 지도
(출처: 위키피디아)

단지와 항만단지 형성의 토대가 되었다.

가오슝항의 발전과 창고의 증설

1905년 러일전쟁 이후 쌀, 설탕, 목재 등의 많은 화물이 철도를 통해 가오슝항(구 다거우항)의 창고로 운송 및 보관된 후 각지로 출하되었다. 그리고 이때 타이완의 제당산업은 빠른 성장기에 접어든다. 가오슝은 타이완 남부의 설탕 생산 및 수출의 중심지로

다거우항- 가오슝항의 옛 모습 (출처: 위키피디아)

서, 당시 설탕 생산량이 3억 근 이상에 달했다. 그런데 항구 주변 창고의 부족으로 설탕이 야외에 쌓이게 되어 품질에 심각한 영향을 미쳤다. 이로 인해 1912년 설탕 보관을 위한 창고 증설이 이루어진다.

설탕 등 각종 원·부자재와 가공품을 수출입하는 가오슝항의 물동량이 점차 증가하면서 항구 시설이 포화상태에 이르자 두 번째 항구 개발이 시작되어 철도, 창고, 조선소 등이 추가로 건설되었다. 정유 공장, 알루미늄 공장, 시멘트 공장 등이 들어섰고, 이들 공장에서의 생산품을 보관하기 위한 단층 창고 열아홉 동과 이층

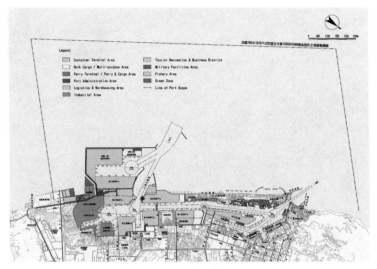

현대 가오슝항 전체 지도 (출처: 타이완항만공사 가오슝항지사 웹사이트)

창고 여섯 동, 총 스물다섯 동이 만들어졌다. 이후 중일전쟁의 발발로 군수물자 운송이 급증하게 되자 세 번째 항구 개발을 추진하게 된다. 항구의 수심을 깊게 하고 새로운 부두와 하역 시설, 그리고 한 동의 창고를 추가로 건설하였다. 이로써 1912년 이후 가오슝항 주변의 증설된 창고는 총 스물여섯 동에 이르렀다. 이후 1940년 일본 제국주의의 남진 정책으로 인해 가오슝의 전략적 지위가 보다 강화된다. 총독부는 가오슝을 남진 정책의 군사적 거점으로 삼았고, 이를 위한 가오슝의 산업화를 가일층 전개함으로써 가오슝은 산업도시로서의 기반을 확고히 다지게 된다.

제2차 세계대전 말기, 미군이 가오슝항을 집중적으로 공습하면서 항구 주변의 부두, 창고, 하역설비 등의 시설과 건축물이 대량 파괴되었다. 일본은 연합군의 상륙을 막기 위해 총 중량 8천여 톤에 달하는 대형선박들을 폭파하여 항구에 침몰시켰고, 이로 인해 항구로서의 기능을 거의 상실하였다. 전쟁 종료 및 해방 후 타이완 국민당 정부는 4차년 경제건설 계획을 추진하면서 가오슝을 타이완 항만산업경제의 중심으로 다시 자리매김시켰다. 약 십여 년간의 항구 및 주변 지역의 수리, 정비, 건설 작업을 거쳐 가오슝항은 옛 모습을 회복하게 된다.

　　이후 정부는 항만 주변의 중공업 개발을 가속화하기 위해 가오슝에 대한 12개년 확장 계획과 10대 건설계획(10대 건설계획 중 5개 항목이 가오슝과 관련)을 추진하여 컨테이너 기지, 창고, 제철 및 제련소, 정유 공장, 조선소를 연이어 건설했으며, 난쯔가공구(楠梓加工區)와 임해공업구(臨海工業區) 등의 대규모 산업단지도 차례로 들어서게 되었다. 이로써 가오슝은 동아시아의 대표적인 항만도시인 동시에 산업도시로 도약하게 된다.

　　그런데 이처럼 일본통치시기(日治時期)부터 시작된 중공업 중심의 산업도시와 군사도시의 성격은 가오슝을 문화예술의 불모지로 만들기도 했다. 여기에 더해 국민당 정부의 사회, 교육, 학술, 문화, 예술 방면에서의—타이베이를 중심으로 하는—북부와—가오슝을 중심으로 하는—남부 간의 차별 방침이 수십 년간 지속되면서, 가오슝은 '문화사막(文化沙漠)'이라는 오명을 안게 된다. 일례로 1990년대까지 가오슝에는 종합대학이 한 곳, 문화센터도 한 곳뿐이었으며, 도서관, 미술관, 박물관도 매우 부족한 상황이었다.

가오슝을 둘러싼 국내외 정세의 변화, 그리고 보얼창고

보얼창고(駁二倉庫)는 가오슝항 제1항구인 옌청무역항(鹽埕商港)에 있는 다섯 개 부두 중 제2부두에 속한 창고들을 칭한다. 이 구역에는 많은 창고가 세워졌는데 철도가 인접해 있어 화물을 실어나르기 편리했다. 국내외의 잡화들이 여기서 하역된 후 철도를 통해 전국 각지로 운송되었다. 이 창고 군락은 주로 어분(魚粉)과 설탕을 저장하는 용도였고, 전후(戰後)에는 일부 창고들을 타이완 제당주식회사(臺糖)가 인수하여 가오슝 설탕수출의 전진 기지로 활용하였다.

그런데 1970년대 들어 국제 설탕가격이 급락하면서 가오슝의 제당산업이 심각한 타격을 입었고, 보얼창고를 비롯한 인근의 창고 군락도 점차 그 기능을 잃어가게 된다. 그리고 1980년대부터 타이완 경제발전의 중심이 북부로 이동하면서 가오슝의 산업현황이 변화하기 시작했고, 1990년대 이래 세계화의 가속화 현상 속에서 가오슝의 전체 무역량과 물동량도 큰 폭으로 감소했다. 이처럼 가오슝항과 그 주변 지역이 경제적으로 쇠퇴하면서 오랜 역사를

가오슝항의 현대적 모습 (출처: 위키피디아)

가진 항구의 창고 군락도 유휴 상태에 놓이게 되었다.

그뿐 아니라, 가오슝의 행정 및 상업의 중심이—항만이 위치한 가오슝의 서부에서—가오슝의 동부로 이동하고, 국내외 화물선들이 보다 좋은 시설을 갖춘 제2항구의 부두로 이동하여 정박하게 되면서 제1항구에 위치한 보얼 및 인근의 창고 군락의 기능은 완전히 정지되었다. 1970년대부터 1990년대에 걸친 가오슝 및 가오슝항의 대내외적인 변화로 인해, 한때 선박 및 물자의 집산 창고로 번성했던 제1항구와 보얼의 산업경관은 어느덧 사라지게 되었다.

가오슝의 문화예술 발전의 계기

38년간 이어졌던 계엄령이 해제된 1987년 이후, 타이완은 정치, 경제, 사회 전반에 걸쳐 전환과 도약의 기회를 맞게 된다. 정치사회적 자유화와 경제성장을 기반으로 타이완의 문화·예술산업도 발전하기 시작한 것이다. 이때 유휴공간의 재활용을 통한 문화예술진흥 정책에 주목할 필요가 있는데, 이는 타이베이에서, 그리고 아래로부터 시작되었다. 1980년대 후반부터의 정치, 행정, 경제, 사회적 전환과 도시공간 활용의 변화로 인해 많은 공공 및 산업·상업시설 역시 전환, 폐기 또는 유휴 상태로 전락하였다. 그중 하나가 1914년에 시작된 타이베이의 어느 양조장 건물인데, 약 십년간 비어 있던 이곳을 1997년, 예술가들이 중심이 되어 공연, 전시, 영화 촬영 등을 위한 문화예술공간이자 시민들의 쉼터로 탈바꿈시켰다. 이것이 바로 '화산 1914 문화창의산업지구(華山1914文化創意産業園區)'이다.

이를 계기로 타이완 정부는 문화예술진흥 정책과 유휴공간 재활용 정책을 연계하여 추진하기 시작했다. '예술마을(藝術村) 건설, 지역문화시설(地方文化館) 확충, 창의산업지구(創意産業園區) 발전'의 세 가지 중심축을 제시하였고, 이를 위해 오래된 기숙사, 창고, 공장, 그리고 다양한 역사·문화적 건축물 등을 포함하는 유휴공간들을 문화예술을 도구로 삼아 공간 전환과 공간 재생을 도모하였다. 이처럼 새롭게 열린 상황에서 타이완의 문화예술 분야의 인사들은 새로운 방식과 형태의 작업, 전시, 공연 환경과 공간을 창출하는 노력과 실험을 시작했다.

이와 같은 배경과 상황 속에서 2000년에 실시된 총통 선거는 가오슝에게 결정적인 기회를 가져다주었다. 민진당의 천수이볜(陳水扁) 후보가 당선되면서 약 50년간의 국민당 장기 집권이 종식된 것이다. 수도인 타이베이를 위시한 북부를 정치적 거점으로 하는 국민당과 달리, 가오슝과 타이난 등 타이완 남부를 근거지로 하는 민진당의 집권은 수십 년 동안 '문화사막'이었던 가오슝의 문화예술의 지반을 넓혀주는 계기가 되었다. 민진당은 '북부 중시, 남부 경시'의 기존의 국가정책의 기조를 뒤집고, 남북 간의 사회, 교육, 문화, 도시개발 등 여러 방면의 격차를 줄이기 위한 다양한 정책을 추진하였다. 가오슝 정부는 중앙정부의 지원하에 대규모 도시 공공프로젝트를 실시할 수 있었는데, 이는 항구와 배후 도심 간의 통합(港市合一) 개발을 위시하여 '가오슝 다기능/복합 경제무역단지(高雄多功能經貿園區)' 건립 등을 포함한 것이다.

이 단지에는 물류, 무역, 금융, 비즈니스, 소프트웨어, 정보통신, 레저, 관광, 문화산업 등이 집약되어 있다. 단지는 세 개의 전용구역으로 구분되는데 문화레저 전용구역, 경제무역 전용구역, 창고물류 전용구역이 그것이다. 그중 문화레저 전용구역은 가오슝 구(舊)항구의 1~22번 부두와 그 배후의 유휴공간을 활용하여 만들어졌다. 수변공간, 레저활동, 상업, 쇼핑, 외식, 문화공연, 예술전시 등의 콘텐츠를 기획·개발하여 관광, 문화, 예술, 서비스산업 등의 발전을 모색하였다. 특히, 문화레저 전용구역은 보얼예술특구, 광잉부두(光榮碼頭), 전아이부두(眞愛碼頭), 위런부두(漁人碼頭) 등과 연결되어 구(舊)항구 지역에 새로운 활력을 불어넣었다. 이처럼 가오슝은 2000년대 들어 문화정책을 시정(市政)의 핵심축으로 삼았다. 다양한 문화예술 관련 행사와 프로그램을 기획 및 개최하고, 이 과정에서 예술가들의 창작활동을 지원하며, 지역사회와 연결되도록 플랫폼을 만들었다. 시민들의 문화예술 인식 및 수준의 향상과 문화자본의 축적의 결과, 가오슝은 '문화사막'의 오랜 이미지와 낙인에서 점차 벗어나게 되었다.

보얼예술특구(駁二藝術特區)의 시작

위에서 언급한대로 2000년에 집권한 민진당은 북부와 남부 간의 다방면의 격차를 줄이고자 노력했다. 그 일환으로 중화민국 건국의 시발점인 신해혁명을 기념하는 쌍십절(10월 10일) 행사를 남부지역에서 개최할 계획을 세웠고, 그 개최지로 가오슝이 최종 선정되었다. 수도 타이베이가 아닌 타이완의 남부에서 쌍십절 행사가 진행된 것은 이때가 최초였다. 가오슝시 정부는 경축일의 대표적 프로그램 중 하나인 불꽃축제를 열기에 적합한 장소를 물색하던 중, 항구 옆의 버려진 창고들에 눈을 돌리게 된다. 당시 가오슝시 정부의 부비서장이었던 야오원즈(姚文智)의 강력한 지지하에 보얼창고 단지에서 불꽃축제를 성공리에 마무리할 수 있었다.

이후 2001년 후반 예술가들에 의해 보얼예술발전협회가 설립된다. 이들은 시정부, 가오슝사범대와 협력하여 보얼창고단지와 그 주변을 아우르는 예술특구를 구상했다. 가오슝을 가로질러 바다로 유입되는 하천 아이허(愛河)의 명칭을 딴 '아이허 문화유역'이라는 개념도 제시되었다. 아이허와 바다가 만나는 지점의 인근에 위치한 보얼창고를 문화유역의 시작점으로 삼아, 아이허 상류까지의 강변 양쪽에 극장, 음악관, 미술관, 역사박물관, 상공업 전시관, 객가(客家)민속박물관 등을 지어서 하나의 광대한 문화유역을 만들자는 구상이었다. 정교한 구상과 조사, 논의 끝에 가오슝사범대의 천밍후이(陳明輝) 교수 등은 사업계획서를 작성하여 정부에 제출하였고, 당시 행정원 문화건설위원회의 '유휴공간 재활용' 계획에 선정되었다. 보얼예술특구는 이렇게 시작된 것이다. 이로써 가오슝은 문화사막에서 벗어나 문화오아시스(文化綠州)로, 타이완 남부 지역의 문화예술의 중심지로 변모할 수 있는 기반을 마련하게 되었다.

보얼예술특구의 입지와 구성

보얼예술특구는 가오슝시 옌청구(鹽埕區) 다융로(大勇路) 남단 끝에 있다. 옌청은 과거 시정부청사가 자리하던 곳으로, 가오슝의

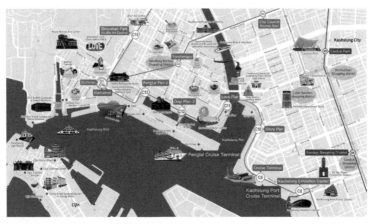

가오슝항 주변 다양한 시설 (출처: 가오슝시 관광국 사이트 高雄旅游網)

보얼예술특구 그림지도 (출처: 보얼예술특구 웹사이트)

정치, 행정, 경제의 중심이 서부에서 동부로 이동하면서 옌청의 번
영도 막을 내리게 된다. 옌청의 옛 기억을 간직하고 있는 몇몇 역

사문화 유산, 전통상점, 그리고 고풍스러운 분위기의 건물들이 아직 남아 있다. 특구는 문화버스 하마싱 노선과 자전거 도로인 해항경관 유람로 등과 연계되어 있다. 주변에는 가오슝전람관(高雄展覽館), 가오슝대중음악센터(高雄流行音樂中心), 치진(旗津) 페리 선착장, 크루즈터미널 등이 있다. 그리고 가오슝의 첫 번째 기차역 자리에 들어선 하마싱(哈瑪星)철도문화원구 및 철도박물관, 설탕 보관 창고 중 하나였던 C4를 개조한 노동자박물관이 특구에 속해 있으며, 특구와 가까운 곳에는 가오슝항구역사박물관, 가오슝시립역사박물관, 가오슝영화박물관이 있다. 이처럼 보얼의 입지는 매우 독특하면서도 중요하다. 가오슝의 역사, 산업, 항구/항만, 친수, 문화, 대중예술, 관광, 구도심을 연결하고 집약시키는 결절점이기 때문이다. 역사경관, 문화경관, 산업경관의 보존과 활용, 대중문화·예술의 생성과 확산 등의 측면에서 보얼은 중요한 역할을 하고 있다.

보얼예술특구는 서로 다른 기능과 성격의 세 개의 구역으로 구성된다. 가장 먼저 만들어진 다용 지구(大勇區)는 실험적 성격이 강한 현대미술 관련 소형 규모의 전시와 디지털 문화산업을 중심으로 한다. 2012년에 두 번째로 조성된 펑라이 지구(蓬萊區)는 다양한 성격의 전시, 활동, 프로그램이 배치되는 동시에 특색 있는 먹거리들과 함께 주변의 하마싱 철도원구와 연결됨으로써 시민들의 방문을 촉진한다. 가장 마지막으로 2014년에 문을 연 다이 지구(大義區)는 예술가들의 작업실들로 이루어진 문화창의산업기지

보얼예술특구 곳곳의 벽화와 조형물 (출처: 필자 촬영, 구글 이미지)

로 계획되었다. 갤러리, 공연장, 스튜디오에서 문화창의 디자인, 예술교육, 독립음악, 공공예술을 경험할 수 있다. 보얼의 창고들은 가오슝시 정부 문화국이 타이완제당주식회사, 가오슝 항무국(港務局), 화남은행(華南銀行) 등과 임대계약을 체결하여 운용하고 있다. P2 및 C5 창고와 월광극장(月光劇場)을 시작으로 현재는 26개

의 공간을 보유하고 있다. 설탕, 어분, 바나나 등을 보관하던 공간
에서 해항, 산업, 역사의 기억을 간직한, 문화예술적 특색이 가득
한 공간으로 바뀌었다. 그리고 특구 곳곳의 다양한 테마의 독특한
벽화들과 조형물들은 '전위·실험·혁신'을 모토로 하는 특구의
성격을 잘 보여준다. 그리고 이곳이 가오슝을 대표하는 문화예술
의 중심지임을 느끼게 해준다.

보얼예술특구의 변화와 발전
- 운영관리 주체의 변화를 중심으로

■ 제1시기(2002.1.1.-2003.12.31.)
- 보얼예술발전협회 운영

보얼예술발전협회는 2001년에 설립되었으며, 가오슝사범대
의 천밍후이 교수의 주도로 시작되었다. 지역의 예술가들과 문화
기획자들의 노력으로 중앙정부 문화건설위원회의 유휴공간 재활
용 프로젝트에 선정되어 재정지원을 받을 수 있었다. 이를 통해
보얼예술특구가 탄생하였다. 가오슝시 문화국 산하의 문화관리처
는 공개모집의 방식을 통해 보얼예술발전협회에 3년간의 운영권
을 위탁하였는데, 당시 협회의 특구 운영 및 활동 계획은 다음과
같았다. 첫째, 공연예술 및 시각예술 행사의 개최, 둘째, 예술품 전
시 및 판매, 셋째, 문화예술 관련 세미나와 강좌의 운영, 넷째, 지

역 문화관광 자원의 발굴과 생산, 다섯째, 가오슝항 컨테이너 아
트 페스티벌 개최의 협력이다.

당시 보얼예술발전협회는 보얼예술특구의 기능적 위상을 현
대예술의 실험적 전시공간, 국내외 예술가들의 레지던시 창작교
류의 장, 지역사회의 문화예술 홍보 및 정보교류의 플랫폼으로 설
정하였다. 이를 위해 작가 개인 또는 예술가 집단의 지역사회로의
참여, 지역주민들과의 소통과 상호작용, 주민들의 문화예술 향유
를 위한 다양한 공연 및 전시활동 등을 중요하게 생각하였다. 그
런데 몇 가지 문제들이 발생하게 된다. 작가들의 입주 기간이 2개
월로 제한되어 있기에 창작 에너지를 축적하거나 작가들 간의 그
리고 지역사회와의 효과적인 교류 네트워크를 구축하기 어려웠
다. 또한, 창작공간으로 제공되는 창고가 협소하여 공간 활용성의
문제도 있었고, 협회의 운영 방침과 지향점에 대한 의견 차이도 조
금씩 생겨나게 되었다. 결국 2003년을 끝으로 협회의 운영권을 종
료하고, 보얼예술특구의 로고를 디자인한 수더과학기술대학(樹德
科技大學)을 보얼예술특구의 새로운 운영주체로 선정하였다.

■ 제2시기(2004.1.1.~2005.12.30.)
  - 수더과학기술대학 운영
  수더과학기술대학이 운영권을 인수한 2004년부터 중앙정부
의 재정지원이 종료되었다. 이에 보얼예술특구의 지향을 현대예술
에서 대중예술로 전환하고, 창의공방의 방식을 통해 대중예술 및

생활예술의 확산을 도모하였다. 시민 대중들이 일상적 차원의 공예품을 비롯한 예술품을 만들고, 사용하며, 감상하도록 돕는 것을 목표로 삼은 것이다. 공간활용의 측면에서 보자면, C5 창고는 전시 및 멀티미디어 상영 구역, 작업실, 사무실, 제품 판매 구역으로 활용하였고, C6 창고는 예술공연 및 지역사회 활동에 활용하였다. 또한 보얼창고의 야외광장과 예술광장에는 먹거리와 예술품 시장이 들어서도록 했다. 또한 대중예술화, 생활예술화를 지향하는 만큼, 작가들과 시민들 간의 접촉과 소통의 기회를 보다 많이 창출하려고 노력하였다는 점을 빼놓을 수 없다. 그러나 오래된 창고의 장기적인 수리 및 유지보수와 관련된 비용지출의 문제로 인해 수더과기대측은 운영권 연장의 뜻을 접게 된다.

■ 제3시기(2006년부터 현재)
　－ 가오슝시 문화국 및 보얼예술특구운영센터 운영

수더과기대의 운영 기간이 만료된 후 입찰에 참여한 기관 또는 단체가 나타나지 않았고, 이에 가오슝시 정부는 문화국을 통해 특구를 직접 운영하기로 결정한다. 문화국은 이전 두 운영주체의 지향을 결합하여 현대예술과 대중미학 추구의 투 트랙 전략을 채택하였다. 따라서 창고공간을 문화창의디자인, 생활예술, 현대예술, 독립음악, 공공예술 등의 다양한 성격과 목적의 전시, 공연, 창작공간으로 재구성하게 된다. 이때 공간의 운영 방식은 두 가지로 나뉘는데, 하나는 문화국이 직접 기획하는 활동으로서 매분기마다 다른 주제를 가지고 운영한다. 다른 하나는 작가 개인 또는 예술가 집단에 공간을 대여하여 전시 및 기타 활동을 진행하고, 문화국이 전체적인 계획과 일정에 맞춰 프로그램을 배치하는 방식이다. 또한 문화국은 이전의 운영주체들과 달리, 특구의 여러 창고공간과 광장을 모두 활용하여 가오슝 봄 예술제, 가오슝영화제, 무지개 음악제, 국제컨테이너예술제, 국제철조각예술제 등의 대형 행사 및 페스티벌의 기획과 개최를 통해 시민들을 문화예술 축제의 장으로 흡인하는 것을 중요한 전략으로 삼았다.

주목되는 점은 특구 운영 방식이다. 특구의 운영과 관리를 전담하는 문화국 산하의 보얼운영센터는 50여 명으로 구성되어 있는데, 이들 모두가 공무원이 아니다. 센터 구성원의 절반은 예술가 또는 문화기획자 등 일반인이다. 행정 및 조직관리 방면의 역량을 갖춘 공무원들과 창의역량을 지닌 문화예술 분야 전문가들이 만들어내는 시너지 효과가 보얼의 최대 강·장점이다.

나오며

지금까지 살펴본 대로 보얼예술특구는 철(鐵)의 도시, 물류도시, 항구도시, 산업도시인 가오슝의 경관, 맥락, 기억, 장소성을 보존하면서 공간적 전환과 재생을 통해 새로운 경관, 기억, 장소성을 만들어가고 있다. 그리고 그 중심에는 문화예술이 존재한다.

문화예술은 전환과 재생의 도구인 동시에 방법론이기도 하다. 공무원 및 문화예술 분야의 전문가들로 구성된 운영센터, 보얼에 거주하는 20여 명이 넘는 타이완 국내외 작가들에 의해 매년 기획·개최되는 수십 개의 정기 및 비정기 공연과 전시, 소형과 중대형의 행사와 페스티벌, 상시로 전시 및 판매되는 작가들의 작품들, 대중 예술강좌와 교육 프로그램, 시민들이 직접 참여하는 문화예술 체험활동 등은 가오슝의 경관을 문화사막에서 문화오아시스로 바꿔나가고 있다. 과거와 현재의 공존 그리고 전통의 해석과 현대적 재현을 중시하는 보얼, 가오슝과 타이완을 대표하는 예술창작과 실험의 공간인 보얼의 혁신은 현재진행형이다. 가오슝시 정부의 정책기조마저 바꿔놓은 보얼의 경험은 동아시아 공간전환 및 재생의 대표적인 참고사례가 되기에 부족함이 없다.

김성민

지역이 예술과
만나다
역사문화의 도시, 타이난 옌수이 이야기

들어가며

오늘날 타이베이, 가오슝, 타이중(臺中)과 함께 타이완 4대도
시 중 하나인 타이난(臺南)은 타이완의 역사 그 자체라고 할 수 있

타이난시 위치 및 지도(출처: 위키피디아)

타이난의 다양한 역사문화 유적. 안핑고성(安平古堡)과 옛 타이난현 지사 관저.
(출처: 타이난시 관광국 사이트)

다. 타이완 수백 년의 역사(기록으로서의 역사)가 이 곳에서 시작되었기 때문이다. 기록으로서의 타이완의 역사의 첫 페이지는 포르투갈인들이 열었다. 지금의 일본에 해당하는 당시의 '황금의 땅'을 찾아 항해하던 포르투갈 선원들은 푸른 숲으로 뒤덮인 섬을 발견하고 포르모사(Formosa, 아름다운 섬)라고 이름 붙였다. 1590년의 일이다. 이후 네덜란드 동인도회사는 400년 전인 1624년에 타이난에 상륙, 행정장관 송크(Martinus Sonk)가 부임하여 요새와 성벽 그리고 도시를 건설해나가면서 타이난의 공식적인 역사가 시작되었다. 이후 17세기 중후반 정성공(鄭成功)의 군대가 400여 척의 군함을 앞세워 화란인들을 몰아냈다. 타이난을 중심으로 타이완섬에 첫 한인(漢人)정권이 수립된 것이다. 이 곳을 거점으로 3대에 걸쳐 반청복명 운동을 지속하던 중, 강희제 시기에 타이난과 타이완섬은 청에 복속되었다. 청조는 타이완섬을 푸젠성에 편입시킨 후 타이난에 대만부(臺灣府)를 설치하여 타이완을 통치했다. 이처럼 타이완의 가장 유서 깊은 도시인 타이난은 도시 전체가 역사문화 유적지라 해도 과언이 아니다. 화란인들, 정성공 정권, 오랜 시기에 걸쳐 대륙의 푸젠과 광둥에서 건너온 한인들, 청조통치 시기, 일본통치 시기의 흔적이 도시 곳곳에 남아있다. 그중 하나가 이제 살펴볼 옌수이(鹽水) 지역이다.

옌수이의 지리와 지명의 유래

오늘날 행정구역으로서의 옌수이구(鹽水區)는 타이난의 북서부에 위치한다. 북쪽으로는 자이현(嘉義縣)과 동쪽으로는 타이난 신잉구(新營區)와 접해 있다. 옌수이구의 북부와 남부를 가로질러 바다로 흐르는 두 개의 큰 강인 바장천(팔장계, 八掌溪)과 지수이천(급수계, 急水溪)의 충적에 의해 형성된 지역으로 평탄한 지형을 가

옌수이구 지도
(출처: 위키피디아)

옌수이 하구 유역
(출처: 타이강국가공원 사이트)

지고 있다. 바장천은 예로부터 내륙항이 설치되었는데 만조(滿潮) 시에는 바닷물이 역류하여 바장천 및 바장천의 지류 하천까지 차 올랐다. 그래서 사람들은 이 강과 지류 하천들을 염수라는 별칭으로 불렀고, 염수는 동시에 지역의 이름이 되었다.

옌수이와 웨진항의 간략한 역사

■ 청조통치 시기

석호(潟湖) 근처에 위치한 옌수이 지역은 대륙에서 한족(漢族) 이 건너오기 전에는 타이완섬의 선주민인 핑푸족(평포족, 平埔族)[1] 이 활동하던 곳이다. 옌수이는 타이난에서 가장 먼저 개간된 고 을 중 하나다. 이 지역의 지우잉리(구영리, 舊營里)와 호우자이리(후 택리, 後宅里) 일대는 강희 원년인 1662년에 정성공의 수하들이 개 간을 시작했고, 이후 정성공의 참군인 천용화(陳永華)의 둘째 아들 천한광(陳漢光)이 140여 가구 약 600명의 푸젠성 취안저우(泉州) 사람들을 대거 이끌고 이주하여 마을을 형성했다. 이후 옌수이는 강의 내륙항을 통해 푸젠의 취안저우, 샤먼(廈門) 등의 도시들과

---

1   오늘날 소수민족으로 분류되는 타이완의 선주민 집단 중 산간지대의 민족집단은 고산 족(高山族)으로 통칭, 평지의 민족집단은 평포족으로 통칭된다. 고산족은 아미족(阿 美族)을 비롯한 16개 민족, 평포족은 카바란족(噶瑪蘭族)을 비롯한 10개 민족으로 구 성된다. 대부분 오스트로네시아계로 알려져 있다.

무역을 하면서 발전하기 시작했다. 바닷물이 들어와 염수항(鹽水港)이라 불렸고, 구불구불한 강의 흐름으로 내륙항 주변이 초승달과 비슷하다 하여 웨진(월진, 月津), 웨강(월항, 月港) 또는 웨진강(월진항, 月津港)이라고도 불렀다. 한때는 안핑(安平), 루강(녹항, 鹿港)과 함께 타이완 남부의 주요 수·해운 요충지 중 하나였다. 타이난의 쌀과 죽순은 옌수이를 통해 푸젠에서 건너온 천, 자기, 목재, 한약재 등과 교환되었다. 옌수이는 청조 통치 기간 동안 주로 통상과 군사적 방어 기능을 수행했다. 18세기 옹정 시기에 이미 큰 도시로 성장했고, 19세기 가경 및 도광 시기에 이르러 문화, 경제, 교통, 군사 각 방면에서 전성기를 맞이했다. 그러나 도광 말기부터 바장천과 지수천에 모래와 진흙이 퇴적되면서 항구로서의 기능을 조금씩 상실하기 시작했다.

■ 일본통치 시기

메이지 28년(1895년), 일본은 옌수이에 옌수이항사무서(鹽水港辦務署)를 설치했다. 메이지 34년(1901년)에는 타이완 전체가 20개의 청(廳)으로 개편되었고, 타이난현은 타이난청과 옌수이청으로 나뉘었다. 옌수이청의 관할 범위에는 부다이장(布袋庄), 바이허장(白河庄), 신잉가(新營街), 류잉장(柳營庄), 첸다푸장(前大埔庄), 마또우가(麻豆街), 루차오장(鹿草庄) 등이 포함되었는데, 이로부터 일본통치 시기에도 옌수이 지역이 교통요인으로 인해 여전히 일정한 지위를 점하고 있었음을 알 수 있다. 일본에 의해 도시개조가 진행되고 항구 주변에 제당공장이 들어서면서 다시 번성을 구가하려 했지만, 옌수이항의 퇴적이 점점 심해지면서 수로 교통도 쇠퇴했다. 게다가 메이지 38년(1905년), 옌수이의 지역유지들과 주민들은 타이베이와 가오슝을 잇는 종관철도(縱貫鐵路)가 옌수이를 지나가면 풍수가 파괴될 것을 우려해 일본의 철도 건설에 반대했다. 결국 대상지가 인근의 신잉(新營)으로 결정되면서 기차는 옌수이를 비켜가게 되었고, 옌수이는 예전의 교통 요지로서의 지위를 상실했다. 메이지 42년(1909년), 또 한 번의 행정 개편으로 20개의 청이 12개로 통폐합되었고, 옌수이는 자이청(嘉義廳) 산하의 작은 지청으로 편입되었다. 다이쇼 9년(1920년), 청이 폐지되고 주(州) 체제로 개편되면서 옌수이의 지위는 다시 강등되어 타이난 신잉군 관할의 옌수이제(鹽水街)가 되었다. 이렇듯 옌수이항/웨진항이 교통 및 물류 기능을 상실하면서 옌수이는 상업 중심지로서의 지위도 잃어버렸다. 상업과 경제의 침체는 지속적인 인구유출을 가져왔고 지역의 모든 것은 활기를 잃고 쇠락을 길을 걸었다.

변화의 시작, 지역활성화 1단계
-'웨진항 영광의 재현' 프로젝트

웨진항과 그 주변 지대는 오랜 시간 관리의 부실과 공백 상태에 있었다. 도처에 버려진 쓰레기, 오염된 하천과 저수지, 망가지

웨진항 친수공원 모습(출처: 타이난 관광국 사이트)

고 훼손된 도로 및 다리와 난간, 그리고 여름철만 되면 집중호우
로 늘 침수와 범람을 겪었다. 주민들이 꺼리는 방치된 지대로 남
아 있던 것이다. 이에 타이난 정부는 이 문제에 손을 대기로 했다.
2005년 '웨진항의 영광의 재현 계획'(月津港風華再現計劃)을 세우고
타이난 정부 도시개발국과 수리국, 타이난 입법부(시의회), 지역주
민단체가 협력하여 2006년부터 실행에 옮겼다. 가장 먼저 웨진항
및 그와 이어진 시내의 여러 수로와 저수지를 포괄하는 배수 시스
템을 만들었고, 정수처리 시설을 만들어 오염된 하천을 깨끗하게
바꾸기 시작했다. 그 후에 웨진항 및 그 주변 지대의 환경미화 및
정비작업, 수리 및 개보수 작업에 착수했다. 망가지고 훼손된 다리

와 난간을 보수했고, 새로운 다리를 놓기도 했으며, 항구와 그 주변에 산책로와 자전거 도로를 만들었다. 이런 노력 끝에 주민들이 즐기고 향유할 수 있는 웨진항 친수공원이 들어서게 되었다.

엔수이 웨진항 재현 계획은 이에 그치지 않았다. 오랜 역사를 지닌 차오난 옛 거리(橋南老街), 팔각루(八角樓), 취파정(聚波亭) 등 엔수이의 옛 기억을 간직한 역사적인 건축물의 보존적 활용, 물새 서식지 보호 등의 생태보호가 동시에 진행되었다. 3년에 걸친 재현과 재생의 결과, 엔수이와 웨진항은 타이완의 정원조경상(園冶獎), 국가우수건설상(國家卓越建設獎), 건강한 도시상(健康城市獎), 공공프로젝트 우수상(公共工程優質獎) 등을 받았다. 타이완을 넘어 해외로 진출하기도 했다. 타이난 도시개발국은 웨진항 프로젝트를 아랍에미리트의 아부다비에서 개최된 '국제 살기 좋은 지역사회상(宜居社區大獎)'의 지속가능한 환경 부문에 출품하여 동상을 수상했다. 그리고 유엔환경계획(UNEP)으로부터 갈채와 찬사를 받았다. 이는 엔수이 주민들이 자신이 살고 있는 마을과 지역사회에 대한 애착과 자긍심을 가지게 된, 쇠락하고 침체된 마을과 지역사회의 변화 및 발전의 가능성을 발견하게 된 중요한 계기였다.

이 경험은 엔수이를 계속 움직이게 만들었다. 웨진항 계획 이후 '웨진항과 성진(도시)의 심장, 영광의 재창조 2.0 계획'(月津港城鎮之心風華再造2.0計劃)이 수립 및 실행되었다. 지역정부와 주민들은 힘을 합쳐 옛 항구의 기억과 이미지, 고풍스러운 골목과 우물, 옛 거리와 극장의 복원 등 역사문화 중심의 인문경관을 만드는 작

업을 진행했다. 2012년 7월 11일 '타이난시 역사거리 진흥 자치조
례'(台南市歷史街區振興自治條例)가 발표되었고, 이듬해인 2013년부
터 주민들은 역사거리의 골목환경 정비와 개선, 오래된 가옥과 건
물의 내외관 수리와 개보수 작업에 참여했다. 그 결과 옌수이 구
도심의 중정로(中正路), 산푸로(三福路), 중산로(中山路) 등지의 34
채의 구옥을 보수하였다.

　이외에 지역사회의 여러 단체들은 폐기차역과 폐건물 등 유휴
및 방치공간의 전환과 재생 작업, 역내 각급 학교 학생들의 마을
벽화 작업, 마을활성화에 관련된 대학생들의 참여를 이끌어냈다.
또한 지역의 자원봉사자들이 주도한 노인 돌봄 활동, 환경미화 활
동을 정기적으로 조직하기도 했다. 지역주민들의 주체적 및 참여
적 의식과 역량이 점차 생장하기 시작한 것이다.

예술을 통한 지역활성화의 2단계
-웨진항 등불축제

　2008년 웨진항 재현 계획이 성공적으로 마무리된 후, 타이난
문화국이 중심이 되어 후속적인 옌수이 활성화 계획을 구상하게
된다. 그 계획의 핵심 아이디어는 웨진항 및 그 일대의 등불축제였
다. 한국에서는 정월대보름이라 부르는 원소절(元宵節, 음력 1월 15
일 전후)에 대륙과 타이완에서는 집집마다 그리고 동네 곳곳에 등

불을 달아서 걸어두는 전통풍습이 있다. 이 원소절 축제를 웨진항을 중심으로 진행하자는 아이디어였다. 문화국은 옌수이 지역의 청년 예술가들이 주요한 역할을 하길 원했다. 마침 옌수이 웨진항 인근에, 그 곳에서 나고 자란 예술을 전공한 형제가 있었다. 국립 타이난예술대학에서 조형예술을 전공한 천위린(陳禹霖), 천위팅(陳禹廷) 형제다. 형제는 자신들의 이름을 딴 위위예술스튜디오(禹禹藝術工作室)를 만들고 동료 예술가들을 불러 모았다.

문화국, 예술작가, 동네주민들은 약 1년간의 준비를 거쳐 2010년 2월 12일 '2010 웨진항 봄맞이 등불축제'(2010月津港迎春燈會)를 개최했다. 옌수이의 오랜 역사를 지닌 챠오난 옛 거리(鹽水橋南老街)에서 웨진항까지 14개의 예술작품이 전시되었다. 14명의 작가들은 옌수이 팔경(鹽水八景)을 주제로 옌수이의 역사와 문화 그리고 옛 항구의 기억을 예술을 통해 재해석했다. 지역주민과 외지인, 관광객 등 축제에 참여한 이들은 과거와 현재의 관점에서 옌수이의 인문적 매력을 체험하는 기회를 누렸고, 축제는 성공적으로 종료되었다. 이듬해인 2011년에는 타이난현과 타이난시의 통합 등 여러 복잡한 사정으로 인해 축제를 개최하지 못했고, 2012년에 제2회 웨진항 등불축제가 열렸다. 방문객 수가 20만 명에 이르자 타이난시 문화국은 2014년부터 등불축제 기간을 37일로 연장했는데, 당해 방문객은 약 50만 명으로 추산되었다.

올해까지 타이완 국내외의 총 490여 개 예술팀이 참가하였고, 누적 관람객은 약 834만 명에 달했다. 이 축제는 타이완 최초의 예

2024 웨진항 등불축제 모습 (출처: 2024 웨진항 등불축제 홍보 웹사이트)

술 중심의 등불축제로, 전통적인 원소절 등불행사의 주제였던 십
이지(十二支) 대신, 예술가들이 옌수이의 인문, 즉 역사·문화와 예
술을 결합하여 작품을 선보였으며, 대륙 및 타이완 전체와 차별화

된, 타이난만의 독특한 등불축제를 만들어냈다. 특히 2018년에는 세계 3대 디자인 어워드이자 디자인계의 오스카상이라 불리는 독일 레드닷 디자인 어워드(Red Dot Design Awards)에서 수상하는 등 타이완을 대표하는 예술 중심의 축제로 자리매김했다.

예술을 통한 지역활성화 3단계
-미술관의 설립과 지역/주민 속으로 파고들기

등불축제의 성공은 옌수이의 역사성과 장소성을 발굴하고, 역사 및 문화자산을 활용하여 지역을 건강하고 활기찬 모습으로 바꾸는 노력이 지속되도록 만들었다. 2019년 타이완 정부는 지역소멸 현상을 완화하기 위해 '지역 창생과 관광환경 조성(地方創生觀光旅游環境營造)' 정책을 시작했는데, 이 정책의 대상으로 타이난의 옌수이 지역이 선정됐다. 이에 호응하여 타이난시 문화국은 옌수이 지역에 '달의 미술관(月之美術館)'을 설립, 위위예술스튜디오 및 지역의 작가들과 공동으로 미술관을 운영하기 시작했다.

이는 새로운 전환이자 발전이라고 할 수 있다. 등불축제처럼 연 1회 개최되는 일회성의 행사가 아니라, 문화예술을 통해 지속적으로 지역과 주민의 내적역량을 창조하고 지역사회를 활성화하는 보다 근본적인 고민과 구상 끝에 그 구심점으로서 지역미술관을 만들게 된 것이다. 대내적으로는 지역주민들의 문화예술에 대한 인식과 역량의 증진, 문화예술을 통한 지역활성화 작업에 대한 지지와 참여를 촉진하는 것을 그 목적으로 한다. 대외적으로는 옌수이를 예술친화적인 지역으로 조성하여, 창의적이고 역량 있는 작가, 기획자, 예술가들이 옌수이로 이주하여 활동할 수 있도록 유도하려는 목적을 가지고 있다. 궁극적으로 이를 통해 마을들과 지역사회 전체에 활력을 불어넣고 옌수이만의 고유하고 독특한 문화예술적 브랜드, 경관, 장소성을 만들고, 지역의 내적역량과 소프트파워를 증진하려는 것이다.

옌수이에 건립된 '달의 미술관'은 단순히 미술작품을 전시하고 관람하는 시설이 아니다. 위위예술스튜디오를 비롯한 옌수이 안팎의 작가들과 지역주민들이 창작한 그림과 조형물 등의 작품은 미술관 안에만 갇히지 않는다. 옌수이 지역의 모든 골목과 거리와 담장에 배치된다. 마을 전체가 미술관이 되는 것이고, '달의 미술관'은 일종의 가시적인 베이스캠프일 뿐이다. 미술관은 지역의 예술 및 창의 분위기를 조성하고, 주민들이 예술창작 활동에 참여하며, 예술을 기반으로 주민들이 서로 연결되고, 마을과 지역사회의 활성화 및 지속가능한 혁신과 발전 등을 도모하는 거점이 된다. 지역의 예술가들이 '달의 미술관'을 매개로 주민들과 협력하여 진행했던 수많은 프로젝트 중 하나만 간략하게 살펴보자.

2019년 가을, 복원된 중정로 옛 거리의 개조된 구옥을 활용하여, 지역주민들로부터 각 가정의 생애 이야기들을 수집하여 시간과 공간을 수호하는 신수(神獸)인 광음사자(光陰使者)를 연출, 제

창작품 '연성토행', '광음사자'(출처: 달의 미술관 사이트)

작했다. 시간과 공간/가정과 사람 간의 연결에 관한 따뜻한 메시지를 전달했다. 그리고 옛 웨진팔경 중 하나인 시 '적토망월(赤兔望月, 달을 바라보는 빨간 토끼)'의 텍스트를 연성골목(連成巷)에 접목하여 어린이들과 함께 '연성토행(連成兔行, 골목을 뛰어다니는 토끼)'을 창작하기도 했다. 연성골목을 뛰어다니는 토끼를 통해 과거 상업적으로 번성하던 시절의 인파를 상상하게 하고, 현대 LED 조명을 활용해 옛 골목의 반짝이던 풍경을 재현하며, 상업 번영기의 휘황찬란한 등불이 밤을 밝히던 그 때의 정취를 되살려보는 창작활동이었다. 아이들이 지역의 역사와 문화, 그리고 문학을 알고 이해하는 계기가 되기도 했다.

이처럼 타이난 문화국과 지역의 예술가들은 주민들이 예술을 접하고 창작활동에 참여하는 것을 중요하게 생각한다. 이와 함께 어린이, 청소년 등의 학생과 성인 주민 대상의 미술교육의 가치 또한 중요해진다. 그리고 이때의 미술교육은 단순히 그림 그리는 법을 배우는 수업이 아니라, 지역주민과 관광객, 옌수이 방문객 등의 미술교육 대상자들이 체험활동을 통해 지역을, 특별히 지역의 역사와 문화를 이해하는 것을 목표로 한다. 그리고 일상적인 생활미학을 예술교육과 접목하는 것을 추구하기도 한다. 이를 위해 '일상미술수업(日常美術課)'을 개발하여 진행하고 있다. 일상미술수업의 세 가지 프로그램을 간략하게 살펴보자.

먼저, 가장 간단한 '일상을 덮다(蓋蓋日常)' 프로그램은 두 가지 종류의 스탬프 카드를 활용한다. 각 카드에는 네 개의 스탬프

활동 중심의 일상미술수업 모습(출처: 위위예술스튜디오 사이트)

수집 장소가 있다. 수집 장소를 방문하면 옌수이의 과거 번성했던 역사, 지역의 특색 및 상설 작품들을 탐방할 수 있다. 두 번째, 재미있고 다양한 '일상을 걷다(走走日常)' 프로그램은 캡슐 뽑기로 시작한다. 캡슐에는 미션이 담긴 쪽지와 귀여운 전기 토끼(電火兔) 열쇠고리가 들어 있다. 총 12개의 과정이 있으며, 참가자들은 미션에 따라 거리 탐방을 통해 지역의 일상생활을 관찰하고, 미션 쪽지의 지시에 따라 상상력을 발휘해 그림을 그리게 된다. 마지막 '일상을 그리다(畫畫日常)' 프로그램에서는 스케치를 하게 된다. 6장의 도화지와 수채화 물감 세트가 제공된다. 지도를 따라 6개의 스케치 장소를 찾아가서, 자신만의 독특한 관찰과 시각으로 풍경을 그려보는 체험을 한다.

나오며

오늘날 지방은 쇠퇴 또는 축소의 수준을 넘어 소멸을 염려하고 있는 상황이다. 대도시도 이를 피해갈 수는 없다. 부산만 해도 구도심 지역에는 비어가는 동네들이 점점 늘어나고 있다. 구(區)와 구(區) 간, 그리고 같은 구 내에서도 경제적, 사회적, 문화적으로 큰 격차가 존재한다. 지역과 지방이 이런 위기와 문제를 겪고 있다면, 예술이 직면한 문제는 무엇일까. 여러 문제와 위기가 있겠지만 상품화된 예술, 엘리트 예술이라는 비판이 보여주는 현실이 그 중 한두 자리를 차지하고 있다. 예술이 교환가치를 가진, 재산이 될 수 있는, 고액에 거래될 수 있는 상품으로 전락하거나 타락하지 않고, 사회적 가치를 추구하는 공공적 역할을 하려면, 근원적인 생명력을 가져야 한다. 그리고 그 생명력이 움트고 생장할 수 있는 환경은 '지역'이다. 또한 예술 관련 중고교나 대학에서 전문적으로 예술을 전공한 이들만이 작가가 되어서는 안 된다. 이를 위해서도 '지역'이 필요하고, '지역과 주민'을 발명해야 한다. 풀뿌리 민주주의처럼 지역/주민들에 의한, 지역/주민들을 위한 풀뿌리 예술을 발전시켜나가야 한다.

옌수이의 경험은 예술과 지역에 대해 많은 생각거리를 던져준다. 십 년이 넘는 시간 동안 수많은 어린이, 학생, 부모, 교사, 상인 등의 지역주민들이 문화예술 축제, 행사, 프로젝트, 프로그램에 참여했다. 옌수이 외부와 지역사회 내부에서 신진 작가를 양성하기도 했고, 그중 일부는 작가로 성장한 후에 기획자로 변신하기도 했다. 옌수이를 넘어 다른 지역과 도시의 문화예술 분야에서 활발히 활동하는 이들도 있다. 지역에 뿌리를 두고, 지역적인 관점에서 사고하며, 지역의 역사 및 문화자산과 자원을 연계하여 예술작품을 창작하거나 예술행사와 프로젝트를 기획 및 실행하는 과정과 결과를 통해, 지역과 주민은 문화역량과 문화적 소프트파워를 갖추게 된다. 그리고 궁극적으로 주민들 스스로 문화예술적 역량을 토대로 마을과 지역을 건강하고 풍요롭게 만들어 나갈 수 있게 된다. 이런 주민과 지역을 발명해야 한다. 그리고 그 중심에 문화예술이 있다.

김성민

싱가포르 차이나타운,
옛 모습 잃어버린 엇갈린 재개발

싱가포르를 여행하는 방문객이라면, 창이 공항에 첫 발을 내딛는 순간, 습하고 뜨거운 공기가 온몸을 감싸는 첫 느낌을 갖게 된다. 숨이 턱 막히는 듯하지만, 이내 깨끗하고 질서정연한 도시 풍경에 감탄하게 된다. 싱가포르, '아시아의 작은 거인'이라 불리는 이곳은 눈부신 경제 성장과 함께 고층 빌딩 숲으로 뒤덮인 현대적인 도시 국가로 발전하게 되었다. Wong & Lye(2016)[1]가 글에서 강조하듯, 싱가포르의 도시 계획은 강력한 정부 주도하에 체계적이고 효율적으로 진행되어 왔다. 그러나 그 화려함 속에는 빛과 그림자가 공존한다. 특히 역사와 전통이 깃든 싱가포르 차이나타운은 이러한 도시 계획의 양면성을 극명하게 보여주는 곳이다. 싱가포르 차이나타운은 도시 재생 과정에서 급격한 서구화로 인해 본래의 모습을 상당 부분 잃어버렸다. 여기서, 우리는 싱가

---

1   Wong, J., & Lye, L. F. (Eds.). The challenge of making cities liveable in East Asia. *World Scientific*. 2016.

포르 차이나타운의 이야기를 통해 도시 재생의 명암을 살펴보고
자 한다.

계획된 도시, 싱가포르: 효율성과 질서의 승리

싱가포르 정부는 도시 계획을 통해 싱가포르를 깨끗하고 현
대적인 도시로 탈바꿈시키는 데 성공했다. 도시 재생은 도시계획
과정에서 노후화되거나 쇠퇴한 도시지역을 다시 시민들이 살기
좋은 공간이나 장소로 탈바꿈하는 것을 가리킨다. 리콴유 정부는
1960년대 이후, 싱가포르를 아시아에서 가장 살기 좋은 국가로 만
들기 위해, 세 가지 측면에 중점을 두었다. 첫 번째는 경쟁력 있는
경제능력, 두 번째로 지속가능한 자연환경, 마지막 세 번째로는 시
민들의 질 높은 삶의 수준이었다. 싱가포르 차이나타운 역시 이러
한 도시 계획의 영향 아래 재개발되었다. 물론, 차이나타운이 가지
고 있었던 부정적인 이미지가 너무 컸기 때문에, 새로운 지역으로
변모시키고자 했던 정부의 노력은 충분히 이해가 간다. 차이나타
운 지역에 대부분을 차지했던 건축양식인 숍하우스(shophouse)가
그 바로미터였다. 식민통치 이전의 전통과 역사를 가지고 있었던
낡고 오래된 숍하우스들은 철거되거나 개조되었다. 철거된 그 자
리에는 고층 빌딩과 쇼핑센터가 대체하게 되었다. 좁고 복잡했던
골목길은 넓고 깨끗하게 정비되었으며, 거리 곳곳에는 시민들을

싱가포르 도시 전경(출처: unsplash)

위한 녹지 공간이 조성되었다. 이러한 변화는 싱가포르 차이나타운을 쾌적하고 편리한 공간으로 만들었고, 관광객 유치에도 큰 도움이 되었다.

급진적인 서구화와 도시 재생

1965년 싱가포르가 독립하고 급속한 경제 성장을 이루면서 차이나타운은 급격한 변화를 겪게 된다. 정부는 도시 현대화를 추진하며 낡고 오래된 숍하우스들을 철거하고 그 자리에 고층 빌딩

1960년대 싱가포르 도시 전경
(출처: docomomo Singapore)

과 쇼핑센터를 건설하는 도시미화 사업에 집중했다. 중심가에 위치했던 마제스틱 극장은 미국 할리우드 영화를 상영하는 영화관으로 바뀌었고, 전통 시장은 현대식 쇼핑몰로 대체되었다. 싱가포르 정부는 도시 재생을 통해 싱가포르를 깨끗하고 현대적인 도시로 탈바꿈시키는 데 성공했지만, 그 과정에서 차이나타운은 본래의 모습을 잃고 깨끗하게 정비된 서구형 관광지로 전락하게 되었다.

이와 같은 상황 속에서, 싱가포르 정부는 1980년대 중반부터 역사적인 건물 보존에 대한 필요성을 인식하고, 1989년에는 차이나타운의 숍하우스들을 보존 건물로 지정하는 등의 조치를 취했다. 하지만 이러한 노력에도 불구하고, 많은 숍하우스들이 급격한 도시 개발 과정에서 철거되거나 이미 원형을 잃은 채 개조되었기에, 원래의 모습으로 복원되는 것은 쉽지 않았다.[2] 특히, 건물 외관만 보존하고 내부는 현대식으로 개조하는 방식은 숍하우스의 리모델링 방식은 19세기의 숍하우스가 지닌 역사적, 문화적 가치를 훼손한다는 비판에서 자유롭지 못했다.

---

2   Hong, C. Y. 「The Facelift of Singapore Chinatown: Unbalanced Renovation by Radical Western Wave.」, 『한국지적정보학회지』, 21(3), 95-114. 2019.

싱가포르 차이나타운의 역사와 그 상징,
마제스틱 극장과 숍하우스(Shophouse)

　싱가포르 차이나타운은 1819년 영국인들이 싱가포르를 자유 무역항으로 개항한 이후 중국인 이민자들이 정착하면서 형성되었다. 초기 차이나타운은 중국 문화와 전통이 살아 숨 쉬는 곳이었다. 좁은 골목길을 따라 늘어선 숍하우스들은 중국인들의 삶의 터전이었고, 거리 곳곳에는 활기 넘치는 시장과 노점들이 즐비했다. 홍등가의 붉은 등불이 골목길을 밝히고, 향긋한 차 냄새와 매콤한 대륙의 음식 냄새가 뒤섞여 코끝을 자극했다. 20세기 초반까지 중국 전통 의상을 입은 사람들이 거리를 활보하고, 곳곳에서 들려오는 중국어는 마치 중국 본토에 와 있는 듯한 착각을 불러일으켰다.

　특히 1927년에 지어진 마제스틱 극장은 광둥 오페라를 상영하며 중국 문화의 중심지 역할을 했다. 화려한 의상과 흥겨운 음악, 그리고 배우들의 뛰어난 연기력은 관객들을 매료했다. 마제스틱 극장은 단순한 극장이 아니라, 중국인 이민자들에게 떠나온 고향의 향수를 달래주고

1970년대 마제스틱 극장 전경
(출처: Pinterest)

문화적 자긍심을 심어주는 중요한 공간이기도 했다. 하지만, 싱가포르의 문화와 예술의 중심지로서 중요한 역할을 했던 마제스틱 극장은 세월이 흐르면서 점차 낡아지고, 그 기능을 잃어가면서 도시민들의 관심 밖으로 밀려나게 되었다.

기능 측면에서 보면, 최근 마제스틱 극장은 싱가포르 차이나타운의 도시계획적 역사와 변화를 상징적으로 보여주는 건축물로도 그 가치를 인정받고 있다. 처음에는 경제적으로 성공한 부호가 이용하는 광둥 오페라 극장으로 지어졌지만, 시대의 흐름에 따라 일본의 선전 영화를 상영하는 곳이기도 하였고, 광둥어 영화를 상영하는 곳으로 다시 기능을 하기도 했으나, 서구화 압력을 이기지 못하고 결국 미국 할리우드 영화를 상영하는 문화의 중심지로 바뀌기도 했다. 그리고 최근에는 상업화의 물결 속에서 쇼핑몰로 그 용도가 변경되었다. 마제스틱 극장의 변천사는 싱가포르 차이나타운이 겪어온 씁쓸한 서구화와 상업화의 시련을 단적으로 잘 보여준다.

싱가포르 차이나타운을 이해하기 위해서는 마제스틱 극장뿐만 아니라 전통적인 거주 가옥이었던 숍하우스에 주목해야 한다. 싱가포르 차이나타운의 숍하우스는 단순한 상업 건물이 아니라 중국인 이민자들의 삶과 문화가 녹아 있는 공간이다. 숍하우스는 19세기와 20세기 초반에 지어진 건물로, 아래층은 상점, 위층은 주거 공간으로 사용되었다. 이러한 건축 양식은 싱가포르의 독특한 문화와 역사를 반영하고 있다. 숍하우스는 좁고 긴 형태로, 전면에는 아케이드가 있어 비와 햇빛을 피할 수 있는 공간을 제공한다. 이러한 구조는 상인들과 주민들에게 편리함을 제공하며, 동시에 독특한 미적 감각을 자아낸다.

싱가포르 정부는 차이나타운의 성공적인 재개발 이후, 최근 들어 이러한 숍하우스를 보존하고 복원하는 데 많은 노력을 기울이고 있다. 과거의 모습을 최대한 유지하면서도 내부를 현대적으로 리모델링하여 상업 공간으로 활용하려는 두 가지의 비전을 나타내고 있다. 현재 차이나타운의 여러 형태의 숍하우스는 레스토랑, 카페, 부티크 등으로 사용되고 있다. 이는 관광객들에게 큰 인기를 끌고 있으나, 이러한 숍하우스는 19세기의 전통적인 요소들을 담고 있기보다는 싱가포르의 경제화와 서구화 요소들을 상징적으로 더 느낄 수 있는, 제한된 성공이라는 아쉬움이 크다.

싱가포르 차이나타운의 Shophouse
: 사라져가는 삶과 문화의 보고

건축학적 측면에서, 근대화 과정 이전 초기 숍하우스는 중국 남부 지역의 전통적인 건축 양식에 근간을 두었지만, 시간이 흐르면서 유럽과 말레이시아의 건축 양식이 혼합된 독특한 형태로 발전했다. 섬세한 조각 장식과 화려한 색채의 타일, 그리고 외부 덧문과 발코니 등은 싱가포르 숍하우스만의 특징을 잘 보여준다.

1950년대 싱가포르 차이나타운
숍하우스와 마제스틱 극장 전경
(출처: Media Storehouse)

숍하우스는 중국인 이민자들에게 단순한 주거 공간 이상의 의미를 지녔다. 1층 상점에서는 다양한 물건을 팔며 생계를 유지했고, 2층에서는 가족과 함께 생활하며 공동체를 형성했다. 좁은 골목길은 이웃 간의 소통과 교류의 장이 되었고, 축제나 행사 때는 함께 모여 즐거움을 나눴던 소통의 장이었다. 이런 숍하우스 구조와 기능은 다른 도시의 차이나타운과도 구별되는 특징이다.

하지만 도시 재생 과정에서 많은 숍하우스들이 철거되거나 개조되었고, 그 결과 차이나타운의 본래의 모습은 상당 부분 쇠락하였다. 현대적인 건물들이 들어서면서 옛 정취는 사라지고, 높은 임대료로 인해 원주민들은 떠나야 했다. 획일화된 도시 경관 속에서 숍하우스는 점점 설 자리를 잃어가게 되었다.

잃어버린 정체성과 공동체

높은 임대료로 인해 원주민들이 떠나고 관광객 중심의 상업 시설들이 들어서면서 차이나타운은 활기를 잃고 획일화된 공간으로 변모했다. 과거 차이나타운은 주민들의 삶과 문화가 어우러진 활기찬 공동체였다. 그러나 재개발 이후 높은 임대료를 감당할 수 없는 원주민들은 떠나야 했고, 도시미화 사업이라는 이름으로 그 자리를 관광객을 위한 상업 시설들이 채웠다. 그 결과 차이나타운 은 주민들의 삶과 분리된, 상업화된 유명 관광지로 전락했다. 이 는 젠트리피케이션의 전형적인 문제점을 보여주는 사례이며, 지역 공동체의 해체와 함께 차이나타운의 정체성 상실로 이어졌다.

싱가포르 정부의 효율성 중심 도시 계획은 긍정적인 변화를 가져왔지만, 그 과정에서 차이나타운은 역사와 전통, 그리고 공동 체라는 소중한 가치들을 희생해야 했다. 이는 싱가포르뿐만 아니 라 도시 재생을 추진하는 다른 지역에도 시사하는 바가 크다. 도

2020년대 싱가포르 차이나타운 숍하우스(출처: Retalk asia)

시 재생은 단순히 낡은 것을 새것으로 바꾸는 것이 아니라, 도시의 역사와 문화를 보존하고, 지역 주민들의 삶을 존중하며, 미래를 향한 지속 가능한 공동체를 만드는 과정이어야 한다. 싱가포르 차이나타운의 경험은 우리에게 도시 재생의 진정한 의미를 부여하며, 미래 도시 개발에 대한 중요한 교훈을 보여준다.

급격한 서구화와 산업화로 인해 차이나타운은 역사와 전통, 그리고 공동체를 단기간에 잃어버렸다. 대다수 낡은 숍하우스들은 사라지고 그 자리에 들어선 고층 빌딩들은 서구적이지만, 삭막한 도시 풍경을 만들어냈다. 마제스틱 극장은 더 이상 중국 문화 예술의 중심지가 아니었고, 전통 시장 또한 활기를 잃었다. 경제적인 성과는 얻을 수 있었지만, 싱가포르 차이나타운의 핵심 뿌리를 잃게 되는 안타까운 도시 현상, 젠트리피케이션을 겪었다. 싱가포르 차이나타운은 깨끗하고 모던한 관광지로 유명하게 되었지만, 그 이면에는 잃어버린 정체성과 공동체라는 그림자가 드리워져 있다.

획일화된 서구적 도시화와 급진적 근대화의 압력으로 인한 차이나타운 쇠락

싱가포르 정부의 효율성 중심 도시 계획은 공간의 미화적 차원에서 긍정적인 변화를 가져왔지만, 차이나타운의 역사적, 문화적 가치를 훼손했다는 비판에서 자유로울 수 없다. 전통적인 숍하우스들이 사라지고 그 자리에 들어선 현대적인 건물들은 차이나타운의 독특한 분위기를 잃어버리게 했다. 좁은 골목길을 따라 늘어선 숍하우스들은 과거 차이나타운의 삶과 문화를 생생하게 보여주는 공간이었다. 그러나 재개발 과정에서 많은 숍하우스들이 철거되거나 개조되었고, 그 결과 차이나타운은 다른 지역과 구별되는 특색을 잃고 테마파크 같은 획일화된 도시 경관 속에 묻혀버렸다.

싱가포르 차이나타운의 마제스틱 극장과 같은 역사적 건축물들은 그 용도가 변경되거나 철거되면서 차이나타운의 정체성을 상징하는 공간으로서의 의미를 잃었다. 마제스틱 극장은 한때 중국 문화의 중심지였지만, 지금은 관광객들이 기념품을 구입하는 쇼핑몰로 변모하여 과거의 영광을 찾아볼 수 없다. 이러한 역사적

2020년대 마제스틱 극장 전경(출처: Singapore Chinatown)

건축물들의 상실은 차이나타운의 역사와 문화를 단절시키고, 지역 주민들의 정체성 설정에 혼란을 야기했다.

도시 재생, 그 이상의 가치를 위해

싱가포르 차이나타운의 사례는 도시 재생이 단순히 낡은 건물을 철거하고 새로운 건물을 짓는 것 이상의 의미를 가져야 함을 보여준다. 도시 재생은 역사와 전통을 보존하고, 공동체를 활성화하며, 도시의 정체성을 확립하는 과정이어야 한다. 싱가포르 정부는 최근 들어 전통 보존의 중요성을 인식하고 차이나타운의 역사적인 건물들을 복원하고, 전통 시장을 활성화하는 등 다양한 노력을 기울이고 있다.

싱가포르 차이나타운의 재개발은 도시 계획의 긍정적인 측면과 부정적인 측면을 동시에 보여준다. 효율성과 질서를 중시하는 싱가포르의 도시 계획은 깨끗하고 현대적인 도시 환경을 조성하는 데 성공했지만, 그 과정에서 역사와 전통, 그리고 공동체라는 가치를 희생시켰다.

싱가포르 차이나타운의 미래는 다양한 가치들을 어떻게 조화롭게 발전시켜 나가느냐에 달려 있다. 최근 싱가포르 정부는 전통 보존의 중요성을 인식하고 다양한 정책을 발굴하고 있다. 이러한 노력들이 결실을 맺어 싱가포르 차이나타운이 옛 모습을 되찾고,

활기 넘치는 공동체의 중심으로 다시 태어나야 한다.

싱가포르 차이나타운은 도시 재생을 고민하는 모든 이들에게 깊은 고민과 사색의 과제를 던져준다. 낡은 건물을 허물고 새로운 건물을 짓는 것만이 도시 재생의 전부는 아니다. 진정한 도시 재생은 도시의 역사와 전통을 보존하고, 공동체를 활성화하며, 보이지 않게 공유되는 도시의 정체성을 확립하는 것이다.

과거와 현재의 소통 공간 차이나타운

싱가포르 차이나타운의 역사와 그 상징인 마제스틱 극장, 그리고 숍하우스들은 싱가포르가 걸어온 발전의 길과 그 안에서 희생된 가치들을 보여준다. 이제는 급격한 변화 속에서도 싱가포르 차이나타운은 옛 모습을 간직하려는 노력과 함께 새로운 미래를 향해 나아가려는 긍정적인 신호를 보내고 있다.

최근에는 싱가포르 정부와 시민들의 자생적인 노력으로 일부 숍하우스들이 복원되고 있으며, 젊은 예술가들이 숍하우스에 입주하여 차이나타운의 새로운 예술 문화를 창조하고 있다. 싱가포르 차이나타운은 과거의 흔적을 보존하면서도 현대적인 감각을 더해, 독특한 매력을 발산하는 공간으로 거듭나고 있다.

싱가포르 차이나타운은 단순한 관광지가 아니다. 그곳에는 싱가포르의 역사와 중국인 이민자들의 삶, 그리고 도시 재생의 빛과 그림자가 함께 녹아 있다. 싱가포르 차이나타운을 방문하는 것은 단순히 이국적인 풍경을 즐기는 것을 넘어, 도시의 과거와 현재, 그리고 미래에 대해 생각해 볼 수 있는 소중한 기회가 될 것이다. 싱가포르 차이나타운의 이야기는 도시 재생의 중요성과 함께, 역사와 전통, 그리고 공동체의 가치를 다시 한 번 새기게 한다. 싱가포르 차이나타운은 급격한 변화 속에서도 끊임없이 진화하며 새로운 이야기를 써 내려가고 있다. 우리는 싱가포르 차이나타운의 미래를 응원하며, 그곳에서 도시 재생의 새로운 미래 가능성을 발견하기를 갈망한다.

마무리하며

싱가포르 차이나타운은 아시아 도시들이 겪었던 근대화, 식민도시, 산업화, 그리고 도시 재생의 빛과 그림자를 동시에 보여주는 곳이다. 급격한 서구화로 인해 잃어버린 것들이 많지만, 그 과정에서 얻은 교훈 또한 값지다. 도시 재생은 단순히 경제적 이익만을 추구해서는 안 된다. 역사와 전통, 그리고 공동체라는 가치를 함께 고려해야 한다. 싱가포르 차이나타운의 미래는 이러한 가치들을 어떻게 조화롭게 발전시켜 나가느냐에 달려 있다. 싱가포르 차이나타운의 이야기는 도시 재생을 고민하는 도시관리자, 도시계획가들에게 의미 있는 메시지를 보낸다. 과거에 지었다고 해서, 오래된 건물을 허물고 무조건 새로운 고층 빌딩을 짓는 것만이 도시 재생의 전부는 아니다. 최근 대한민국의 도시 재생 사업이 고층 아파트 재개발을 지향하는 방향으로만 나아가는 현상에 대해서 씁쓸하며 많이 아쉽다. 싱가포르 차이나타운에서 봤듯이, 우리가 추구해야하는 도시 재생의 정의는 도시의 유형적인 요소뿐만 아니라, 무형적인 역사자원과 전통 유산을 공익 차원에서 보존하고, 같은 공간을 향유하는 공동체를 활성화하는 것이다. 궁극적으로는 도시의 정체성을 같이 만들어 가는 것이기도 하다.

싱가포르 차이나타운은 급격한 서구화로 인해 많은 것을 잃었지만, 그 과정에서 얻은 교훈을 바탕으로 새로운 미래를 향해 나아갈 수 있다. 싱가포르 차이나타운의 이야기는 도시 재생의 진정한 의미를 되새기게 하며, 우리에게 도시의 미래에 대한 원동력이자 희망을 제시한다.

홍창유

참고문헌

해역도시 부산의 도시개발과 재생 사이

강동진, 「역사문화환경을 활용한 부산 도시재생의 특성과 지향」, 『洌上古典研究』 제48집, 2015.

김민주, 「대규모 정부사업에 따른 마을소멸 위기와 그 역설: 가덕도 대항마을을 중심으로」, 『지방행정연구』 제37권 제1호(통권 132호), 2023.

류동길, 『주민참여를 통한 항만형 도시재생사업의 활성화 방안: 부산 북항재개발사업을 중심으로』, 경산 : 대구대학교, 박사학위논문, 2010.

이지훈, 「동남권 중추도시를 넘어 글로벌 허브도시로」, 『BDI 정책포커스(N/A)』 No.80, 부산연구원, 2010.

한승욱, 「전환기를 맞은 부산시 도시재생의 정책방향에 관한 제언」, 『BD포커스』 제256호, 부산발전연구원, 2014.

'쇠퇴'의 도시에서 '회복'의 도시로- 인천 도시 공간 재생의 지향성에 대하여

박순희, 『인천광역시 도시재생사업을 위한 도시 어메니티 지표의 중요도 연구』, 인하대학교 대학원 도시계획과(도시계획전공) 박사학위 논문, 2013. 8.

이-푸 투안 지음, 윤영호 · 김미선 옮김, 『공간과 장소』, 서울: 사이, 2020.

인천시, 2025년 인천도시재생전략계획(변경)안.

https://kpmg.com/kr/ko/home/insights/2016/05/samjong-insight-44—
　　resilience------.html
https://brunch.co.kr/@9285a9f6ec36496/15
https://www.incheon.go.kr/IC040306
https://ko.wikipedia.org/wiki/%EC%9D%B8%EC%B2%9C_%EC%83%81
%EB%A5%99_%EC%9E%91%EC%A0%84

지진 재난 극복과 도시재생의 공존- 고베항 친수공간 재개발 사례

大河原徳三,「ハーバーランドの現状と課題」,『都市政策』第71号, 1993,
　　pp.59-67.
神吉晃大・小塚みすず,「ウォーターフロント開発による地区の形成過程—
　　神戸ハーバーランド地区を対象として一」,『神戸高専研究紀要』第56号,
　　2018, pp.17-22.
神戸市企画調整局企画調整部総合計画課,『港都神戸グランドデザイン』,
　　2011, p.4.
神戸市みなと総局,「ポートアイランド・六甲アイランド」,『神戸市広報印刷物
　　登録』第183号, 2003, pp.1-20.
神戸港"U"パークマネジメント共同事業体,『神戸港震災メモリアルパーク』,
　　2011, pp.1-4.
神戸市,『挑戦・進化を続けるみなと神戸~新たな価値創造を目指して~』,
　　2017, pp.1-70.
国土交通省,『民間都市再生事業計画(新港突堤西地区(第1突堤基部)再開発事

業)を認定』, 2018, pp.1-4.

神戸市港湾局, 『株式会社神戸ウォーターフロント開発機構事業概要』, 2023, pp.1-24.

苦瀬博仁・高橋洋二, 「ウォーターフロント開発における計画手順と計画課題」, 『日本沿岸域会議論文集』4, 1992, pp.33-44.

兵庫県阪神・淡路大震災復興本部総括部復興企画課復興10年委員会, 『阪神・淡路大震災 復興10年総括検証・提言報告』, 2005, pp.1-26.

군항도시 사세보의 평화산업항만도시 전환을 위한 실천과 도전

이상원(2022), 「기지국가 일본의 對 베트남 원조외교」, 『지역사회학』 제23권 3호, 지역사회학회.

이상원(2022), 「군항도시 사세보(佐世保)와 시민 저항: 1968년 미국의 '엔터프라이즈 호' 입항 문제를 중심으로」, 『동북아문화연구』 제72집.

佐世保市(1929), 『産業方針調査書』, 佐世保活版舎, p.商工 91.

佐世保市史編さん委員会編さん(2003), 佐世保市史通史編 下編, 佐世保市.

谷沢毅(2012), 「軍港都市佐世保の戦中・戦後―ドイツ・キールとの比較を念頭に―」, 『長崎県立大学経済学部論集』第45巻 第4号.

宮地英敏 외(2018), 『軍港都市史研究Ⅴ佐世保篇』, 「一九六八：エンタープライズ事件の再定置」, 清文堂出版株式会社.

長嶋俊一 (2005), 『ハウステンボス周辺の今昔』, 長嶋俊一 芸文堂.

山本理佳(2020), 「旧軍港市転換法の運用実態に関する一考察」, 『高橋学教授退職記念論集』, 立命館大学人文学会.

吉田秀樹, 歴史とみなと研究会(2018), 『港の日本史』, 祥伝社.

日比の正己(1987), 「観光と交通」, 『ながさき自治研』No.16.

『読売新聞』,「山河あり」, 2003年 6月 10日付 記事.

『週刊文春』,「原子力空母歓迎の"欲の皮"-エンタープライズを待ち望む夜の 佐世保-'たった三分で一万円なり'」, 1968年(昭和43年) 1月 22日号.

도시재생의 성공 모델, 요코하마 미나토미라이21

공미희,「요코하마항구의 변천과정과 특징 연구: 공간특성과 이동에 주목하 여」,『일본연구』(93), 한국외국어대학교 일본연구소, 2022, pp.13-14.

김나영,「일본 요코하마시의 수변공간개발과 문화정책」,『한국항해항만학회 지』38(3), 한국항해항만학회, 2014, pp.291-298.

송대호,「도시경관형성을 위한 공공디자인 선진사례 고찰-일본 요코하마시 의 미나토미라이21(Minatomirai21)을 중심으로」,『동북아 문화연구』25, 2010, pp.409-410.

서대열·정성문,「해양도시 수변공간의 활성화를 위한 건축계획적 특성 분 석-독일 하펜시티, 일본 미나토미라이21 사례분석을 중심으로」,『한국문 화공간건축학회논문집』81호, 한국문화공간건축학회, 2023, pp.76-87.

오덕성·최준성·양은경,「일본 미나토 미라이 21 지구에서의 도시재생 사 례에 관한 연구」,『대한국토도시계획학회』, 춘계학술대회 논문집 제2회, 2008, pp.419-427.

이동훈,「항구도시의 미래: 미나토미라이21」,『대한건축학회지』Vol.61 No. 01, 대한건축학회, 2017, pp.43-47.

이삼수,「일본 도시재생사업에서 지역의 관리·운영 체계에 관한 연구」,『서 울도시연구』제8권 제2호, 서울연구원, 2007, pp.26-29.

이영행·이태광,『도시재생론』, 박영사, 2022, p.324.

金田孝之·近藤健雄·桜井慎一·宇於崎泰寛,「港湾再開発における公民共同

に関する実証的研究」,『土木学会論文集』B3 (海洋開発) 70巻 2号, 2014, pp.133-138.

岸田比呂志・卯月盛夫,『都市づくり戦略とプロジェクト・マネジメント-横浜 みなとみらい21の挑戦』, 学芸出版社, 2009, pp.1-206.

佐藤英人,「横浜みなとみらい21地区の開発とオフィス移転との関係-フィ ルタリングプロセスの検討を中心に-」,『地理学評論』80巻 14号, 2007, pp.907-925.

田口俊夫,「横浜みなとみらい21中央地区における開発方式の時系列的分析」, 『日本建築学会計画系論文集』82, 2017, pp.1175-1185.

中島清,「みなとみらい21中央地区における開発の経過とその評価(2)」,『経済 と貿易』187, 2004a, pp.75-109.

中島清,「みなとみらい21中央地区における開発の経過とその評価(3)」,『経済 と貿易』188, 2004b, pp.55-112.

宮腰繁樹,「6大事業の基本理念」「特集6大事業の経過と今後の方向」,『調査 季報』28号, 横浜市都市経営局政策課, 1971, pp.2-9.

横浜市,『みなとみらいMEMORIAL BOOK 1983-2023』, 2023, p.4.

横浜市都市計画局,『みなとみらい21』Vol 84, 2013, p.19.

一般社団法人横浜みなとみらい21(https://www.ymm21.jp/about/aboutus. html) 검색일:2024.7.25.

田村明記念・まちづくり研究会(https://www.machi-initiative.com/) 검색 일:2024.7.26.

MINATOMIRAI 21 Information,「みなとみらい21の計画概要と個別事業」vol 85, 2014, pp.1-4.

横浜市(https://www.city.yokohama.lg.jp/) 검색일:2024.7.25.

コスモワールド(http://cosmoworld.jp) 검색일:2024.8.2.

横浜赤レンガ倉庫1号館(https://akarenga.yafjp.org/about/) 검색일:2024.8.5.

ヨコハマ経済新聞,「臨港パークで「みなとみらい大盆踊り」-ビアガーデンや
　　縁日も」, 2013.08.12.

横浜美術館(https://yokohama.art.museum/exhibition-policies/) 검색
　　일:2024.8.8.

横浜トリエンナーレ(https://www.yokohamatriennale.jp/about/) 검색
　　일:2024.7.22.

みなとみらい・東神奈川臨海部推進課와 인터뷰(佐藤行司, 榛澤拓, 上村千夏)
　　2024.6.13.

구랑위의 도시개조 프로젝트

[단행본]

廈門市思明區統計局 編,『2023思明區經濟社會年鑑』, 中國統計出版社 , 2023.

Herbert Allen Giles, *A Short History of Koolangsu* (Amoy: Printed by A.A.
　　Marcal), 1878.

[논문]

김혜천,「한국적 도시재생의 개념과 유형, 정책방향에 관한 연구」,『도시행정
　　학보』, 제26집 제3호, 도시행정학회, 2013.

송문달・박경환,「중국 옌타이(煙臺)의 소성(所城) 도시재생사업에서 원주민
　　의 퇴거와 장소애착」,『한국도시지리학회지』, 제26권 2호, 2023.

이민경,「중국 동남 연해지역의 관우문화 고찰―福建 東山을 중심으로」,『중
　　국학』, 제85집, 대한중국학회, 2023.

Gao Yuan,「한국과 중국의 도시재생정책 연구」, 경북대학교 석사논문, 2021.

季宏・肖竝蓁・王瓊・靑木信夫,「廈門市現代城市工業的發展、演變與遺存現

狀」,『建築與文化』, 第1期, 世界圖書出版有限公司, 2023.

何其穎, 「租界時期的鼓浪嶼之研究」, 廈門大學 博士論文, 2003.

李海洲, 「鼓浪嶼道路景觀解析與發展思考」, 福州大學 碩士論文, 2011.

林文德, 「論鼓浪嶼風景名勝資源的審美特性與市場開發特點」,『廈門科技』, 第
2期, 廈門市科學技術信息研究院, 2004.

林煒鈴, 「旅遊影響下的鼓浪嶼居民生活方式變遷研究」, 華僑大學 碩士論文,
2013.

林振福, 「城鎮型風景區的社區發展策略研究―以鼓浪嶼爲例」,『城市規劃』, 第
34卷第10期, 中國城市規劃學會, 2010.

_____, 「廈門鼓浪嶼整治困境、策略與經驗」,『規劃師』, 第8期第32卷, 廣西師
範大學出版社集團有限公司, 2016.

歐陽邦·王唯, 「旅遊開發背景下的歷史城鎮社區發展研究―以鼓浪嶼爲例」,
『中外建築』, 第8期, 中華人民共和國住房和城鄉建設部信息中心, 2017.

龐菲菲, 「鼓浪嶼居住建築的時序斷面的特征研究」, 西安建築科技大學 碩士論
文, 2007.

邱鯉鯉, 「公共地界時期鼓浪嶼城市形態演變句法研究」, 廈門大學 碩士論文,
2017.

水海剛, 「移民企業家與近代鼓浪嶼公共租界: 地域經濟圈的視角」,『中國社會
經濟史研究』, 第3期, 廈門大學歷史研究所, 2018.

王 勁, 「明清東南海防遺產在保護中被淡化的軍事空間―以深圳大鵬所城、廈
門鼓浪嶼爲例」,『中國文化遺產』, 第2期, 中國文化遺產研究院, 2019.

王唯山, 「鼓浪嶼歷史風貌建築保護規劃」,『城市規劃』, 第7期, 中國城市規劃學
會, 2002.

席灝城, 「鼓浪嶼世界文化遺產地保護利用策略研究」, 華僑大學 碩士論文,
2020.

於立·劉穎, 「城市發展和複興改造中的文化與社區: 廈門鼓浪嶼發展模式分

析」,『國際城市規劃』, Vol.25, 中国城市规划设计研究院, 2010.

詹朝霞,「英文文獻資料中的鼓浪嶼國際社區的構建及內涵」,『鼓浪嶼研究』, 第
14輯門, 廈市社會科學界聯合會, 2021.

張燦燦,「近代公共租界時期鼓浪嶼中外住區空間研究」, 華僑大學 碩士論文,
2015.

張 顏,「從城建規劃檔案縱觀廈門城市規劃歷經之路」,『城建檔案』, 第4期, 中
國城市科學研究會, 2015.

鄭 東,「鼓浪嶼宋代窖藏古錢清理簡報」,『廈門博物館建館十周年成果文集』,
福建省閩學研究會, 1998.

周維鈞,「海上花園鷺島明珠—鼓浪嶼控制性詳細規劃」,『規劃師』, 第1期, 廣西
師範大學出版社集團有限公司], 2000.

[기타자료]

彭珊珊,"'申遺'號角下的鼓浪嶼原住民",『澎湃新聞』, 2017-07-06 https://
www.thepaper.cn/newsDetail_forward_1726271

徐 林,"鼓浪嶼申遺成功的背後：如何守住這座獨特的文化遺產",『決策探索』,
2017(08).

廈门市鼓浪屿管委会 (https://gly.xm.gov.cn/)

廈門市人民政府,「廈門市城市人口管理暫行規定」(廈府[1992]綜282號)
(https://www.xm.gov.cn/zwgk/flfg/sfwj/200609/t20060928_126038.htm)

中華人民共和國國務院,「風景名勝區條例」(2006) (https://www.gov.cn/
flfg/2006-09/29/content_402774.htm)

中華人民共和國司法部,「廈門市鼓浪嶼風景名勝區管理辦法」(2006年修正
本) (https://www.moj.gov.cn/pub/sfbgw/flfggz/flfggzdfzwgz/200612/
t20061201_136460.html)

UNESCO World Heritage Centre (https://whc.unesco.org/en/list/1541/)

홍콩의 도시 변화와 홍콩인의 정체성 정립

류영하, 『홍콩산책』, 산지니, 2019.

장정아, 「홍콩 땅을 지킨다는 것: 홍콩 정체성에서 향촌과 토지의 의미」, 『現代中國硏究』 Vol.19 No.4, 2018.

장정아, 「홍콩의 중국본토 이주민: 변화와 지속」, 『중앙사론』 Vol. 37, 2013.

장정아, 「'본토'라는 유령: 토착주의를 넘어선 홍콩 정체성의 가능성」, 『동향과 전망』 No.98, 2016.

장정아, 「중국본토인의 시기별 홍콩이주와 그 특징」, 『중국근현대사연구』 Vol.25, 2005.

한지은, 「우리의 도시를 기억할 권리: 홍콩의 도시 문화유산 보전을 사례로」, 『한국도시지리학회지』 제21권 2호, 2018.

'문화사막'에서 '문화오아시스'로 – 가오슝 보얼예술특구 이야기

[연구논문]

黃鼎倫外, 「閒置空間再利用之研究–以駁二藝術特區為例」, 『經營管理學刊』 第10期, 2015.

Wu, Ying-Wei and Tang Shu, "Value Co-Creation in Kaohsiung Port Tourism: A Revelatory Case in Taiwan", *Taiwan Modern Tourism* No. 5, 2020.

[기관 웹사이트]

보얼예술특구 웹사이트 (https://pier2.org/about/)

보얼아티스트레지던스 웹사이트 (https://pair.khcc.gov.tw/)

타이완항만공사 가오슝항무지사 웹사이트 (https://kh.twport.com.tw/)

[인터뷰]

보얼예술특구운영센터 관계자 인터뷰 (2024년 06월 25일)

지역이 예술과 만나다-역사문화의 도시, 타이난 옌수이 이야기

[기관 웹사이트]

국가문화자산망 (國家文化資産網) 웹사이트 (https://nchdb.boch.gov.tw/)

타이난 관광망(台南旅游網) 웹사이트 (https://www.twtainan.net/)

타이난시 문화국(臺南市政府 文化局) 웹사이트 (https://culture.tainan.gov.
tw/)

타이난시 정부자료 개방 플랫폼(臺南市政府資料開放平台) 웹사이트 (https://
data.tainan.gov.tw/)

위위예술스튜디오(禹禹藝術工作室) 웹사이트 (https://yuyuartstudio.com/)

달의 미술관(月之美術館) 웹사이트 (https://yuejinartmuseum.tainan.gov.tw/)

옌수이유람망(鹽水漫遊網) 웹사이트 (https://www.yanshui.com.tw/)

[인터뷰]

타이난시 문화국 문화연구과 관계자 인터뷰 (2024년 06월 26일)

위위예술스튜디오 관계자 인터뷰 (2024년 06월 26일)

싱가포르 차이나타운, 옛 모습 잃어버린 엇갈린 재개발

Hong, C. Y. "The Facelift of Singapore Chinatown: Unbalanced Renovation by Radical Western Wave", 『한국지적정보학회지』, 21(3), 95-114, 2019.

Wong, J., & Lye, L. F. (Eds.). "The challenge of making cities liveable in East Asia", *World Scientific*, 2016.

찾아보기